| GBS글로벌복음방송 채택 사연들 |

향기가 되어
The Essence of Christ

보내심을 받은 예배자들의
생생한 삶의 이야기

홍아리엘 지음

쿰란출판사

| GBS글로벌복음방송 채택 사연들 |

향기가 되어
The Essence of Christ

추천사

　한 권의 책을 쓴다는 것은 어렵다. 그래서 쓸 엄두도 못 내고, 쓰다가 포기하게 된다. 그러나 여러 사람이 조금씩 글을 합하면 책이 만들어진다. 이것이 합력하여 선을 이루라고 하신 명령의 하나가 될 수 있다. 《향기가 되어》는 각 사람의 삶이 하나님 안에서 조명되어 있어 성경의 쉬운 해설서가 될 것 같다. 그래서 합력하여 이룬 선이라 생각된다.

　우리는 탁월한 영웅의 말과 글에 집중하는 경향이 있다. 그래서 영웅을 닮고 싶어 하고, 영웅이 되고 싶어 한다. 아마도 이것은 세상의 복음일 것이다. 그런데 기독교 문화 안에서도 우리는 영웅을 좇는 경향이 있다. 자칫 영웅 때문에 예수님이 보이지 않을까 두려울 때가 많다. 이 글을 쓴 분들은 아마도 글쓰기 전문가가 아닐 것이다. 세상이 말하는 영웅도 아닐 것이다. 혹 전문가일지라도, 세상에서도 영웅이라 불릴지라도, 이 책에서는 영웅으로 드러나지 않는다. 그저 한 부분을 담당한 지체일 뿐이다. 대신 예수님이 드러난다. 참 성경적인 책이라 생각한다.

　큰 다이아몬드는 희귀해서, 단단해서, 보석의 영웅이어서 본연의 가치보다 훨씬 비싸게 값이 매겨지는 것 같다. 나는 다른 면에서 다이아몬드의 가격을 매기고 싶다. 큰 다이아몬드를 본 적이 없지만, 들은 이야기로는 보는 방향에 따라 그 아름다움이 다르다고 한다. 이리 보아도 아름답고, 저리 보아도 아름다울 것이란 표현이 수긍이 된다. 이 책이 다이아몬드 같다. 다양한 울림이 있다. 그리스도의 향기는 어떤 자에게는 죽음의 냄새가 되고, 어떤 자에게는 생명의 냄새가 된다. 이 책이 책 이름대로 향기가 되어 많은 사람에게 다가가 생명의 냄새가 될 것을 기대한다.

예수전도단 파주지부 강두원 대표 간사
(저서:《한권 한권 먹는 성경》, 두란노)

Writing a book is a daunting task. This is why most people don't even attempt to write a book, or even give up in the middle of their writing. However, if many people gather their excerpts one by one, a book can be formed. This could be viewed as a part of our God given command to work with one another to create goodness. 'Ruach' spotlights the stories of individuals living in God's ways, and I feel that this will be a easy commentary of the bible based on everyday life. This is why I think this book is a goodness that has been achieved through the collaboration of believers.

We tend to focus on the writings and words of heroes-or anyone who displays excellency. By consuming the words of our heroes, we strive to be more like them and become a hero ourselves. This is perhaps what we call "the worldly gospel".

However, we also tend to follow the steps of a hero within the culture of Christianity. Even I sometimes have fears about losing sight of Jesus by following the words of heroes.

The people who wrote the stories in 'Ruach' probably are not professional writers. They are most likely not the "hero" that our world defines. Even if they might be a professional, or be called a hero in this world, inside this book, they are not revealed to be heroes. They are merely just an individual who represents a single part of this book. But through their story, you can see the presence of Jesus. This is why I believe this is such a biblical book.

A big diamond is so structurally solid and rare, that it is viewed as a hero among the gemstones and is often valued much above its inherent value. Personally, I would like to value diamonds from a different perspective. Although I have never seen a big diamond before, I heard that diamonds display different form of beauty depending on the angle you view it from. Knowing this, I can accept why many people consider diamonds to be beautiful all around. This book is just like a diamond. It resonates in your soul in many different ways.

The scent of Christ can be a scent of death to some, but to

others it will be a scent of life. Just as its title, I hope and pray that this book will come to many people's lives and become their scent of life.

DooWon Kang

추천사

　홍아리엘 교수로부터《향기가 되어》원고를 받고 목차를 읽어 내려가는데 아가서가 떠올랐다. 아가서는 원어로 '쉬르 하쉬림'이다. 노래 중의 노래라는 뜻이다. 세상에는 많은 노래가 있지만 진정 최고의 노래는 아름답고 완전한 하나님의 사랑을 표현한 노래다. 아가서는 사람들에게 다가오시는 하나님의 뜨거운 사랑과 사람들을 구원하시기 위해서 십자가를 질 수밖에 없는 예수 그리스도의 희생을 찬송하는 노래이기에, 노래 중의 노래 '쉬르 하쉬림'으로 불리게 되었다.
　《향기가 되어》에는 하나님을 찬양하는 노래들과 하나님께 받은 사랑으로 회복된 감사와 감격의 눈물로 이루어진 사연들이 담겨 있다. 제목 그대로 보내심을 받은 예배자들이 예수 그리스도께 받은 사랑을 생생하게 독자에게 전달해 준다. 그래서 이 책은 하나님의 사랑을 전하고 싶은 사람들에게 선물하기에 좋은 책이다.
　세상살이에 힘들고 지쳐 낙망한 사람들, 갈 바를 모르고 헤매는 사람들, 비전을 따라 걷다가 번아웃된 선교사들을 찾아가 위로하시고 회복시키신 하나님의 사랑이 담겨 있기 때문이다. 이 책을 읽으면 사랑의 하나님의 손길이 자기 자신에게도 닿아 있고, 하나님의 자비로운 눈동자가 지켜 보고 계심을 느끼게 될 것이다. 그래서 이 책은 하나님께 돌아와야 할 분들에게 선물하기에도 좋은 책이다. 모쪼록 이 책이 사랑의 하나님을 모르고 떠나 고통받고 있는 사람들에게 포기하지 않으시는 하나님의 사랑을 전하는 이 시대의 '아가서'가 되길 바란다.

   책을 엮으며, 원고를 쓰는 것이 부담이 되는 분들을 위해 그분이 살아 낸 인생을 몇 시간이고 진심으로 '경청'하여 직접 원고를 작성한 경우가 많다고 한다. 이러한 수고를 아끼지 않고 방송에 맞게 또 책이 되도록 편집을 하며 정성을 쏟은 홍아리엘 교수의 헌신에 박수를 보낸다.

   진정으로 이 책이 사랑의 하나님을 모르고 떠나 고통받고 있는 사람들에게 하나님의 포기하지 않는 사랑의 승리를 전하는 이 시대의 '아가서'가 되길 바란다.

Washington Jabez University, Dr. Elisha Park

추천사

서정주 시인의 〈국화 옆에서〉라는 시가 생각나는 계절입니다.

한 송이의 국화꽃을 피우기 위해
봄부터 소쩍새는
그렇게 울었나 보다

한 송이의 국화꽃을 피우기 위해
천둥은 먹구름 속에서
또 그렇게 울었나 보다

한 송이 국화를 피우기까지는 햇빛도 필요하고 비도 필요하고 바람과 적당한 온도도 필요합니다. 마찬가지로 삶의 이야기가 하나의 향기로 승화되기까지에는 여러 가지 요소가 필요합니다. 이 책의 이야기들을 보면 삶의 여정 속에서 피하지 못하고 겪는 아픔과 어려움들이 많은데, 이를 통해서 만난 하나님의 사랑과 은혜로 오히려 원숙한 아름다움으로 승화시킨 삶의 모습을 전해 주고 있습니다.

일본의 유명 예술가인 마코토 후지무라가 '킨츠기'라는 고대 일본의 예술 형식을 소개합니다. 킨츠기는 깨진 그릇을 단순히 고치거나 복구하는 수준이 아니라 깨어진 도자기를 원형보다 훨씬 더 아름답게 만드는 기술인데, 이것이 하나의 예술 형식이 되었습니다.

인생살이에 경험하는 많은 일들이 때로는 깨진 그릇과 같을지라도 이런 상황을 어떻게 대하느냐에 따라 더 아름답고 값진 보석과 같은 삶으로 나아갈 수도 있습니다.

　우리의 마음에는 하루에도 수천 개의 생각이 담깁니다. 살다 보면 좋은 생각이 담길 때보다 나쁜 생각이 담길 때가 더 많습니다. 그럴 때 스트레스가 쌓이고 우울한 기분이 들 수도 있습니다. 이런 삶의 모습들 속에 하나님의 말씀과 기도로 내 마음을 은혜에 푹 담그면 나쁜 생각과 우울한 일들이 정화되어서 삶의 향기로 바뀌게 되지요.

　여기에 삶의 향기를 드러내는 아름다운 이야기, 깨어진 그릇이 우아하고 값진 예술품으로 거듭나는 것 같은, 새로운 감동을 주는 도전들이 독자들을 기다리고 있습니다. 삶의 향기로운 이야기들을 읽으면서 아름다운 또 하나의 나의 이야기를 이어가시기를 바랍니다.

　홍아리엘 교수는 스스로 주님의 향기가 되기로 작정하고, 열정과 인내로 삶을 아름답게 바꾸어 가는 힘이 있고, 그런 자세로 이 책을 편집하고 여러분에게 펼쳐서 그 향기를 함께 나누고 있습니다. 감동을 주고 도전을 주는 향기로운 이야기가 여기저기서 계속되기를 바라며 이 책을 추천합니다. 세상의 아름답고 보석과 같은 이야기 속으로 들어가 보실까요?

D. Min. 배현수 목사

추천사

할렐루야!

생명을 드러내는 《향기가 되어》!

이 책을 출간하게 하신 주님의 이름 높이며 감사와 영광을 돌립니다. 생명을 드러내는 《향기가 되어》는 생생한 삶의 현장에서, 생명 말씀으로 살아 믿음으로 승리한 하나님의 군사들의 승리의 향기요, 예수님의 은혜와 사랑의 편지입니다.

초대교회 시대에 교회를 개척하는 곳곳마다 물심양면으로 사도들을 접대하고 섬김으로 지역마다 많은 교회가 세워졌듯이 그리스도의 향기로 사도행전 29장을 써내려 가는 예수님의 군대의 은혜의 소식입니다.

우리들의 죄악으로 인해 악함이 더 흉용합니다. "땅이 혼돈하고 공허하며 흑암이 깊음 위에 있고 하나님의 영은 수면 위에 운행하시니라"(창 1:2). 하나님의 창조 질서를 어지럽히며 죽은 영혼들로 인해 썩은 악취가 나는 세상 곳곳에서 생명을 살리는 거룩한 빛이 되고, 그리스도의 향기가 되어 '생명 역사'가 되었습니다. 보내심을 받은 예배자들의 생생한 삶의 이야기가 많은 사람들에게 산 소망의 책이 될 것입니다.

광야의 길을 걷고 있는 분들에게 그 길이 주님과 함께하시매 얼마나 아름다운 발이 되는지 모릅니다. 겸손의 향기를 담은 마카롱, 그 따뜻한 손길을 나누기 위해 밤새 잠 못 자고 수고의 땀방울을 얼마나 흘려야 했던가요.

노오란 빛으로 찾아오신 예수님을 인내와 믿음과 사랑의 노래와 기도로 우리의 모국어 한글을 통해 그리스도의 향기 되어 수고의 가르침이 하늘 소망을 담은 그리움이 선교사의 노래 되어 하늘에 오르며, 하나님의 약속을 잡고 초록의 그늘이 품은 신선한 향기, 주님 옆에서 함께 걷는 복음의 향기로 북녘 땅 북한 동포들을 향한 가슴 절인 기도의 향기로 주님을 눈물짓게 합니다.

"너는 내 아들이다! 너는 내 사랑하는 딸이다." 결코 잊지 않으시는 아버지와 아들의 사랑 노래, 언약의 향기 되어, 꿈꾸는 자의 선한 사마리아인의 삶으로, 기도하는 사람의 향기로운 매일의 삶이 곧 예수님을 닮아가는 사람임을 고백하며, 치유하시고 택하신 주님의 놀라우신 부르심에 "나를 보내 주소서! 주와 함께 가오리다" 스마트한 온라인 선교로, 하나님의 악기 쇼파르로 하늘의 소식을 전하며, 구원의 노래로 주님의 이름 높이며 송축하는 "생명을 드러내는 향기 되어" 온 열방에 향기들의 믿음의 역사와 사랑의 수고와 우리 주 예수 그리스도에 대한 소망이 오직 능력과 성령의 큰 확신으로 된 것은 많은 환난 가운데서 성령의 기쁨으로 도를 받았기 때문입니다. 이처럼 주를 본받은 자가 되길 축복하며 기원합니다.

어둠이 감당치 못할 생명의 빛으로 임하심으로 생명을 드러내는 향기, 소망의 빛이 되어 책을 읽는 모든 분들이 십자가 부활신앙을 경험하며, 임마누엘 성령 하나님의 만지심이 동일하게 임하기를 축복하며 기원합니다.

"아버지께서 아들을 사랑하사 만물을 다 그의 손에 주셨으니"(요 3:35).

"하나님이 이르시되 빛이 있으라 하시니 빛이 있었고 빛이 하나님이 보시기에 좋았더라 하나님이 빛과 어둠을 나누사"(창 1:3-4).

열방을 향한 워싱턴 열방 연합기도회

조이(Joy) 팀장

추천사

　GBS 글로벌복음방송 '보내심을 받은 예배자들의 생생한 삶의 이야기'가 책으로 출간된다는 기쁜 소식을 접하고 축하드립니다. 아름다운 목소리로 "디아스포라 투데이 워싱턴 향기가 되어 지금 시작합니다"에 이어 잔잔하게 흐르는 "누군가 내 이름 부를 때면 예수의 향기가 난다고 했으면 좋겠네"라는 찬양과 가사에 이어 소개되는 생생한 삶의 이야기는 지금도 가슴을 뭉클하게 합니다.

　감동적인 이야기를 글로 옮기고 여러 사람이 볼 수 있도록 책을 만들어 주시니 고맙습니다. 생생한 감동의 사연을 들을 수 있도록 앱에서 바로 청취할 수 있는 QR 코드를 넣어 주시니 더욱 좋습니다. 홍아리엘 선교사님의 세심한 배려에 감동합니다.

　제가 홍아리엘 선교사님을 알게 된 것은 코로나 확산으로 모든 것이 멈춘 때였습니다. 외출할 때 마스크를 써야 하고, 각종 모임은 금지되었고, 학교마저 교육부에서 개학과 입학식을 연기하다가 줌으로 온라인 학습을 하던 시기였습니다. 2020년 여름! 답답하고 암울했던 시기에 제주열방대학 간사로 계셨던 선교사님을 통해 기쁜 소식을 들었습니다. 예수전도단 파주에서 TIME OF PASSION(이하 TOP)을 청소년 대상으로, 창세기를 중심으로 하는 성경공부를 줌(zoom)으로 진행한다고 하였습니다. 그때 저는 제주에서 지역아동센터를 운영하고 있었고, 중학교 1학년 학생에게 권면하여 2명이 참여하기로 하였습니다. 줌으로 전국 각지와 미국, 중국에 흩어진 아동들과 함께 배우며 소통할 수 있는 시간이었습니다.

참으로 놀라운 반전이 있는 시간이었습니다. 깊이 있는 하나님의 마음을 아동들이 알아갈 수 있도록 줌(Zoom)으로 시작하게 하신 홍아리엘 선교사님은 온라인 선교에 주신 하나님 아버지의 마음을 파주지회 간사님들과 함께 실행하셨던 것입니다. 하나님과 동행하며 아름다운 삶을 살고 계시는 분들의 삶이 글로 엮여 더 많은 사람에게 전달되길 바랍니다. 이 책을 읽는 분들에게 기쁜 소식이 되고 그리스도의 향기가 되길 기도하며 이 책을 추천합니다.

빛과 소금 지역 아동 센터장 박진옥

추천사

'향기가 되어'는 듣기만 해도 향기로운 내음이 나는 말입니다. 여름의 푸르름 속에서 발견할 수 없는 아름다움을 가을에 발견하는 이유는 나무들이 그만의 색깔을 내기 때문입니다. 《향기가 되어》는 24인 24색의 가을날 동화와도 같은 책입니다.

오늘 아침에 공원 벤치에 앉아 동료들과 대화를 나누었습니다. 플라타너스가 우거진 공원에서 떨어지는 낙엽은 한 편의 영화와 같았습니다. 플라타너스 잎 하나하나가 파란 가을 하늘을 배경으로 자신만의 춤을 감상하는 시간이었습니다. 처음 추는 춤인데도 이렇게 멋진 이유는, 이것이 마지막 춤이기 때문이 아닐까 생각해 봅니다. 플라타너스 잎의 마지막 춤사위 하나하나가 이렇게 다르다는 사실을 새삼 깨달았습니다. 《향기가 되어》는 이런 마음으로 글을 모아 책을 낸 듯 합니다.

생성형 AI에게 가을 시를 하나 부탁했더니, 제 마음을 아는 듯 이런 시를 써 주었습니다. Bing이 지은 가을 시로 마지막을 갈음하고 싶습니다.

가을의 색깔

가을이 오면 나는 산과 들의 색깔을 바라본다
노란색, 주황색, 갈색, 붉은색, 보라색…
다양한 색깔이 어우러져 아름다운 그림을 그린다

나는 그 색깔들에게 묻는다
왜 너희는 가을에만 이렇게 빛나니?
대답이 들려온다
우리는 봄에도 여름에도 빛났어
하지만 사람들은 우리를 보지 않았지
그래서 우리는 가을에 마지막으로 화려하게 빛나기로 했어
그리고 겨울이 오면 잠들기로 했지
나는 그들의 대답에 감동한다
그들은 삶의 마지막 순간까지 아름답게 살고 싶었다
나도 그렇게 살고 싶다고 생각한다
가을의 색깔들은 나에게 꿈과 희망을 준다

가을이 깊어가는 양재동에서
전생명

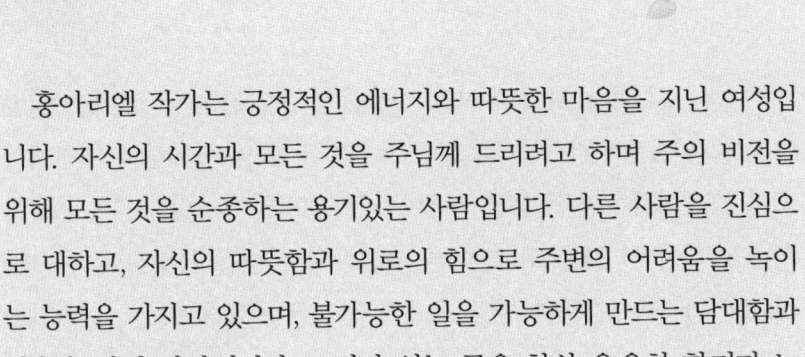

추천사

　홍아리엘 작가는 긍정적인 에너지와 따뜻한 마음을 지닌 여성입니다. 자신의 시간과 모든 것을 주님께 드리려고 하며 주의 비전을 위해 모든 것을 순종하는 용기있는 사람입니다. 다른 사람을 진심으로 대하고, 자신의 따뜻함과 위로의 힘으로 주변의 어려움을 녹이는 능력을 가지고 있으며, 불가능한 일을 가능하게 만드는 담대함과 믿음을 가진 사람입니다. 그녀가 있는 곳은 항상 은은한 향기가 느껴집니다.

　이번 아리엘 작가의 신간에서는 주님에 대한 순종과 감사를 볼 수 있으며, 마음 깊은 곳으로부터 기쁨의 빛을 느낄 수 있습니다. 이 얇은 책 한 권으로 모든 독자가 주 예수님의 사랑과 은혜를 경험할 수 있을 것입니다.

　작가는 주변에서 쉽게 만날 수 있는 믿음이 있는 이웃들의 삶을 생생하게 묘사하여 독자들을 크게 격려합니다. 마치 성경에 기록된 말씀과 같습니다.

　"그리스도를 아는 지식의 향기를 어디에서나 우리를 통하여 풍기게 하시는 하나님께 감사를 드립니다"(고후 2:14, 새번역).

　"감사의 노래를 드리며, 그 성문으로 들어가거라. 찬양의 노래를 부르며, 그 뜰 안으로 들어가거라. 감사의 노래를 드리며, 그 이름을 찬양하여라"(시 100:4, 새번역).

이 책은 우리가 이 온유하고 전능하신 하나님을 더 깊이 이해할 수 있도록 돕습니다. 그리고 모든 독자가 믿음의 지체들의 내면에서 흘러나오는 감사와 축복을 체험할 수 있도록 합니다. 모든 분들이 시간을 내어 이 책을 읽고, 다른 사람들의 간증을 목격하며, 하나님의 증인이 되어 감사와 찬양 속에서 진정한 기쁨을 찾을 수 있기를 바랍니다.

중국에서 한국으로 부르심을 받은
하나님의 Joy, 조의

추천사

    나의 좋은 친구 아리엘은 예수님을 전심으로 사랑하고 늘 복음 전도에 열심인 사도 바울을 닮은 사람입니다. 친구이지만 서로 존경하며 기도로 동역하게 하신 하나님께 먼저 감사를 드립니다.

    '향기가 되어' 방송을 만들고 나면 아리엘 선교사님은 들어 보라고 그것을 먼저 저에게 보내 주었습니다. 기쁨과 설렘에 가득 찬 목소리로 하나님이 이렇게 멋진 분이라며 어린아이처럼 신나게 설명하고 나서, 저에게 기도를 해 달라는 부탁을 잊지 않았습니다. 그 자리에서 함께 기도하고 나서야 이제 기도했으니 하나님께서 알아서 선하게 사용해 주실 거라며 웃는 아리엘 선교사님과 함께 동역하는 것은 저에게도 즐거운 일입니다.

    이제 아리엘 선교사님이 들려주던 여러 성도님들의 이야기를 책으로 곁에 두고 볼 수 있게 된다니 반가운 일입니다. 저 또한 그리스도의 향기를 맡으며 위로받고 도전받고 회개하고 다시 힘을 낼 수 있었던 이야기라 무척이나 기대가 됩니다.

    세리와 죄인들을 불쌍히 여기고 친구 되어 주신 예수 그리스도, 겸손하고 온전하신 우리 구주 예수 그리스도께서 지금도 변함없이 낮고 연약하고 평범한 자들을 찾아가서 돌보시고 사랑하신다는 것을, 독자들은 이 책을 통해서 알 수 있을 것입니다. 그들의 친구 되어 주시는 한없는 사랑의 향기 가득한 이야기들이 더 많은 분들에게 전해질 수 있기를 바랍니다.

    이 책을 만나는 모든 분들이 예수님의 향기로 인해 위로받고 도전 받아 하나님의 아들을 믿는 것과 아는 일에 하나가 되어 변화되기를 바랍니다. 이 책이 위로와 사랑이 필요한 모든 곳에 향기로운 그리스도의 복음을 전하게 되는 통로가 되길 축복합니다.

예수 그리스도의 십자가를 자랑하는
아리엘의 친구 김지현

추천사

　3년 전에 미주 지역 마더와이즈 리더 교육을 함께 한 인연으로 홍아리엘 전도사님을 온라인으로 만나게 되었습니다. 어린 자녀 2명을 키우는 제게 아들 4명을 키우면서도 열정적으로 사역을 하시는 전도사님이 멋지고 대단한 엄마로 보였습니다.

　온라인 나눔을 통해서 홍 전도사님과 계속해서 영적인 교제를 하고 싶어졌고, 마침 가까운 곳에 사는 것을 알게 되어서 오프라인으로 직접 만나기로 하였습니다. 개인적으로 서로의 삶과 하나님이 행하신 그동안의 삶을 나누었는데, 가슴이 벅차고 뜨거워지는 귀한 은혜의 시간이었습니다.

　우리가 삶을 살아가는데 하나님께서는 많은 만남을 허락하십니다. 저와 홍 전도사님과의 만남은 특별히 하나님의 기쁘신 뜻을 위해 예비하신 만남이라는 것을 첫 만남을 통해서 알 수 있었습니다. 네 아들의 엄마로 여러 가지 어려움을 겪으셨지만, 늘 밝고 환한 모습과 늘 영적으로 주님의 마음을 헤아리고 순종하는 홍아리엘 전도사님은 제게 진정한 멋진 커리우먼이자, 영적인 리더였습니다.

　'향기가 되어'라는 라디오 진행을 하시는 전도사님으로부터 제 삶의 이야기를 나누어 달라는 제안을 받았습니다. 그 제안이 저 같은 부족한 자를 통해서도 하나님의 일하심을 나누라는 도전으로 들려서 망설이는 마음을 이기고 기쁜 마음으로 초대에 응했습니다. 지금 전도사님을 통해서 믿음의 삶을 사는 저와 같은 평범한 사람들에게 부어지는 하나님의 사랑이 얼마나 크고 놀라운지를 담은 책에 추천사까지 쓰게 되어 참으로 기쁩니다. 이 모든 것이 오직 주님의 은혜입니다.

"그러나 하나님께서 세상의 미련한 것들을 택하사 지혜 있는 자들을 부끄럽게 하려 하시고 세상의 약한 것들을 택하사 강한 것들을 부끄럽게 하려 하시며"(고전 1:27).

《향기가 되어》는 유명한 작가들이 쓴 책은 아니지만, 지구촌 곳곳에 흩어진 우리 지체들을 통해서 가장 귀한 복음만을 전하고, 오직 홀로 영광 받기에 합당하신 하나님만을 증거하기 위해 출판되었습니다. 하나님께 감사드립니다. 땅 끝까지, 그리고 부족한 자들을 통해 일하시고 사용하시는 하나님을 증거하는 귀한 도구로 사용되기를 간절히 기도합니다. 세상의 관점에서 보면 보잘것없고 평범한 우리 크리스천들을 사용하여 이 시대에 사도행전 29장을 써 내려가시는 하나님을 찬양합니다.

이 책이 하나님을 사랑하는 사람들을 통하여 일하시는 주님의 역사하심을 보고 깨달을 수 있는 좋은 통로가 될 것을 확신합니다.

예수님의 정결한 신부로 주님을 기다리는

박유미(호텔경영학 박사)

추천사

    신구약 성경은 각각 역사서, 문학서, 예언서로 구성되어 있습니다. 구약의 욥기, 시편, 잠언, 전도서, 아가서와 같은 문학서를 신약에서 찾는다면 로마서부터 요한3서에 이르는 서신서를 들 수 있습니다. 역사서는 과거에 일어난 역사적인 사실을, 예언서는 미래에 이루어질 사실을 통해 하나님을 계시했다면, 문학서는 하나님의 백성이 현실의 상황에서 경험하는 하나님에 대한 신앙과 삶의 고백을 문학의 형태로 담은 것이라고 할 수 있습니다.

    하나님의 말씀이 과거의 역사와 미래의 예언을 통해서만 계시되는 것이 아니라, 각기 다른 시대나 환경에 살고 있는 그의 자녀들의 오늘의 삶을 통해서도 경험되고 살아낼 수 있다는 사실은 놀라운 일입니다.

    GBS 글로벌복음방송은 100명에 이르는 프로그램 제작자들이 자원봉사로 함께 만들어 가는 라디오 방송입니다. 750만 한인 디아스포라에게 복음을 전하기 위해 시작되었기 때문에 자연스럽게 GBS 제작자들은 전 세계에 흩어져 살고 있는 이민자들로 구성되었습니다. 각자 다른 배경과 환경에도 불구하고 그들이 만드는 프로그램을 들어 보면 그들이 살아가며 만난, 한결같은 하나님을 이야기하고 있습니다. 그러므로 복음과 하나님의 말씀은 신뢰할 수 있는 것입니다.

    GBS 제작자들 가운데 그들의 이야기를 유튜브 영상이나 책으로 엮어 내는 분들이 계십니다. 우리 크리스천에게 내가 경험한 하나님을 나누는 것은 전도가 그러한 것처럼 마땅한 의무라고 생각합니다. 살아 있는 하나님의 말씀이 그 가운데 공유되어 생명의 역사가 일어나기 때문입니다. 홍아리엘 전도사님이 펴내시는 《향기가 되어》 역시, 읽는 이들에게 봄 내음과 같은 예수님의 향기가 되리라 믿습니다.

  40명이 넘는 성경의 저자들이 예수님 한 분을 이야기하는 것처럼, 세계의 중심 워싱턴 DC에서 다양한 모습으로 들려주는 하나님 자녀들의 삶의 고백이 말씀으로 오신 예수님께로 이끌어 주는 향기가 되기를 기도합니다.

Global Broadcasting Service 대표
박신욱 선교사

감사의 글

　GBS(글로벌복음방송)를 통해 하나님과 동행하는 형제, 자매들의 이야기를 전할 수 있도록 허락하신 하나님께 먼저 감사를 드립니다.

　하나님 감사합니다! 방송을 만드는 시간은, 하나님께서 세계 각지에 흩어져 있는 하나님의 사람들을 돌보시고 능력 주시는 참 부모이자 전능자이심을 더 깊이 깨닫게 되는 시간이었습니다. 방송의 소재를 찾으며 역사의 주인이신 하나님의 일하심에 집중할 수 있었습니다. 방송선교가 하나님의 마음을 깨닫고 순종하며 살아가도록 저를 인도하는 축복의 통로가 되었습니다.

　GBS에서 방송을 시작하게 된 계기는 시편 1편 낭송 영상이었습니다. 예수전도단의 강두원 간사님께서 시편 1편을 자신에게 적용해서 써 보라고 숙제를 주셔서 만든 영상이었습니다. 그때 제가 만든 시편 1편의 제목은 '복이 되어라'입니다. 하나님께서 우리에게 복이 있는 사람은 어떻게 사는 사람인지 알려 주신 시편 1편을 오랫동안 암송하고 묵상하고 낭송한 것이 결국 제게 복이 되었습니다. 유튜브에 올린 영상을 GBS 대표이신 박신욱 선교사님께서 보셨고, 저에게 GBS의 제작자가 될 기회를 주셨습니다.

　숙제를 주신 강두원 간사님과 복된 자리에 초청해 주신 박신욱 선교사님께 감사를 드립니다. 처음 방송 제작을 해 보라는 제안을 받았을 때는 라디오 방송 제작 경험이 없었던 터라 잘할 수 있을까 염려가 되었습니다. 마음을 정하지 못하는 저에게, 하나님의 말씀과 복된 소식을 전하는 일인데 망설일 이유가 없다고 용기를 준 남편박모세 형제님께 감사를 드립니다. 방송을 만들 수 있도록 기술적인 지원을 해주신 GBS의 김윤섭 국장님과 기도와 격려, 조언을 하며 이끌어 주신 진미예 본부장님께도 감사드립니다.

건강 악화와 개인적인 사정으로 방송을 만들기 힘든 시간에도 GBS 가족들의 사랑의 기도가 힘이 되어 방송을 이어 올 수 있었습니다. 그 덕분에 오늘 이 책을 출간하게 되었습니다. 깊은 감사를 드립니다. 사연을 보내 주시고 제작을 도와주신 귀한 형제, 자매님들께 감사드립니다. 말씀 낭독을 해 주시고, 곁에서 도와주던 동역자였다가 지금은 함께 GBS 제작자로 복음을 전하시는 박보영 자매님께 감사드립니다.

'순결한 감사'를 진행하는 김신영 사모님을 GBS에 초대해서 함께 제작자로 섬기게 된 것 또한 하나님 앞에 드릴 큰 감사입니다. 하나님 음성에 민감하고 하나님께 순종하며 사는 사모님이 곁에 계셔서 든든하고 감사합니다. 또한 이 책의 기획부터 영어 번역을 도맡아서 해준 아들 연준이에게 감사합니다. 회사 일로 바쁜데 주말을 반납하고 작업을 해준 것은 물론이고, 미국의 출판 동향까지 파악해 준 세심한 배려에 감사합니다.

마지막으로 이 책이 나올 수 있었던 가장 핵심인 애청자님들께 감사를 드립니다. 방송을 시작할 때부터 애청자가 되어 주고 사연을 보내 주신 귀한 분들입니다. 방송을 청취할 뿐만 아니라 피드백을 주셔서 감사합니다. 전도하고 싶은 분들에게 방송을 전달했다는 말씀을 들을 때마다 하나님께 감사드렸습니다. 그리스도의 향기처럼 고상하며, 강요하지 않지만 지나칠 수 없이 존재감이 큰 귀한 하나님의 사람들입니다.

방송된 모든 사연이 소중한데 이번 책에 다 싣지 못해서 아쉽습니다. 하나님의 기쁘신 뜻을 위하여 마음에 소원을 갖게 하심을 기억하며 모든 영광을 하나님께 올립니다.

홍아리엘

목차

추천의 글   예수전도단 파주지부 강두원 대표 간사 • 4
Washington Jabez University, Dr. Elisha Park • 8
D. Min. 배현수 목사 • 10
열방을 향한 워싱턴 열방 연합기도회 조이(Joy) 팀장 • 12
빛과 소금 지역 아동 센터장 박진옥 • 15
전생명 • 17
하나님의 Joy, 조의 • 19
아리엘의 친구 김지현 • 21
박유미(호텔경영학 박사) • 23
Global Broadcasting Service 대표 박신욱 선교사 • 25

감사의 글 • 29

Part 1. '향기가 되어' 20 Story

1. 생명을 드러내는 향기가 되어 | '향기가 되어' 첫 방송 원고   36
2. 예비하신 곳에서 | 함지혜   44
3. 마카롱이 머금은 겸손은 향기 | 이혜연   50
4. 선교사의 노래 | MK 파트너스   54
5. 하늘 소망을 담은 그리움의 향기 | 민진성   62
6. 하나님의 약속 | 김 교수   68
7. 초록이 품은 신선한 향기 | 김명숙   72
8. 주님 옆, 주엽동에 살아요 | 유영윤   75
9. 나는 너를 잊지 아니하리라 | 북한 선교 특집   86
10. 아버지와 아들 | 지순철·지전파   97
11. 가정을 세우는 묵상의 향기 | 지현숙·김민정   108
12. 선한 사마리아인의 삶 | 이정희·데리안   113
13. 기도의 향기가 가득한 삶 | 박유미·조이   118
14. 아빠에게 하는 딸의 친밀한 기도 | 이정은   124
15. 치유하시고 택하신 주님 | 김 란   127
16. 나를 보내 주소서 | 김종수·제니 쟈   134
17. 하나님의 악기 쇼파르 | 윤창재   145
18. 굳은 마음을 제하고 부드러운 마음으로 | 김진수   149
19. 찬양의 골짜기 | 곽구원   152
20. 내 마음의 다림줄 | 홍아리엘   157

Part 2. 스마트한 온라인 선교

1. 교회 사역에서 누린 기쁨과 감사   164
2. 랜선 타고 오신 예수님   168
3. 유튜브로 복음을 전하는 3가지 방법   175
4. 팟캐스트부터 차근차근   180

Part 3. 마음에 새기는 영어 표현

1. 24 Bible Verses　　　　　　　　　　　　　　184
2. 4 Stories　　　　　　　　　　　　　　　　　238
   1) Yeonwoo's Prayer　　　　　　　　　　　　238
      연우의 기도 | 박성화　　　　　　　　　　　239
   2) Jesus, who came in an amber light　　　　　254
      노란 빛으로 찾아오신 예수님 | 박모세　　　255
   3) Creating a system through repetition of trust　268
      믿음으로 반복하며 만든 시스템 | 김형환　　269
   4) Giving 7.9 billion thanks　　　　　　　　　276
      79억 개의 감사 | 전생명　　　　　　　　　277

에필로그　향기가 되어 • 284

Part 1.

'향기가 되어'
20 Story

1.
생명을 드러내는 향기가 되어

– '향기가 되어' 첫 방송 원고

그리스도로 인해 우리가 하나님께 달콤한 향기를 피워 올리면, 구원의 길에 들어선 사람들은 그 향기를 맡고 알아봅니다. 그 향기는 생명을 드러내는 향기입니다.

"하나님께서는 메시아, 곧 그리스도 안에서 우리를 이리저리 데리고 다니시면서, 끊임없이 계속되는 개선 행진에 참여시키고 계십니다. 그분은 우리를 통해 그리스도를 아는 지식을 제시하십니다. 우리가 가는 곳마다 사람들은 고상한 향기를 들이마십니다."(고후 2:14-15, 메시지성경)

안녕하세요, 버지니아의 예배자 아리엘입니다!

GBS 글로벌복음방송을 통해서 매주 애청자 여러분을 찾아 뵙게 되었습니다. 이 시간에 그리스도의 향기가 되어 살아가는 분들의 이야기를 통해 마음이 따뜻해지고, 믿음의 향기를 품고 있는 책을 통해서는 그리스도를 아는 지식이 쌓여 가길 소망합니다.

　오늘은 고린도후서 2장 14절과 15절의 말씀에 대한 이야기로 시작했습니다. 《메시지성경》으로 읽어 드렸기 때문에, 처음 들어 보는 것처럼 느끼시는 분도 계실 것 같아서 다시 한번 읽어 드리겠습니다.
　"하나님께서는 메시아, 곧 그리스도 안에서 우리를 이리저리 데리고 다니시면서, 끊임없이 계속되는 개선 행진에 참여시키고 계십니다. 그분은 우리를 통해 그리스도를 아는 지식을 제시하십니다. 우리가 가는 곳마다 사람들은 고상한 향기를 들이마십니다."
　그리스도로 인해 우리가 하나님께 달콤한 향기를 피워 올리면, 구원의 길에 들어선 사람들은 그 향기를 맡고 알아봅니다. 그 향기는 생명을 드러내는 향기입니다.
　바울 사도는, 사도들이 가는 곳마다 그리스도로 인해 사람들이 생명을 드러내는 고상한 향기를 들이마시게 된다고 말하고 있습니다. 예수님을 사랑하는 우리도 우리의 발길이 머무는 곳마다 고상한 향기를 풍기며 생명 되신 예수님을 드러내면서 살면 좋겠다는 소망을 담아서 프로그램 제목을 '향기가 되어'로 정했습니다.

　우리는 향기 하면 쉽게 향수를 떠올리게 되는데요. 세계적으로 유명한 향수의 하나인 '샤넬 No.5'는 1,000송이의 페고마 자스민과 12송이의 페고마 장미를 사용해야 겨우 30밀리그램을 만들어 낼 수 있다고 합니다. 또 샤넬 No.5에 사용될 재료의 꽃에는 화학 비료를 절대 사용하지 않고, 7월과 10월 사이의 약 100일 동안에만 수확할 수 있다고 하네요.

사람들이 만들어 내는 향수 하나도 명품의 향기를 내기 위해서는 여러 가지 면에서 구별되고 세심한 주의가 필요한 것을 보면서, 우리가 그리스도의 고상한 향기를 나타내며 살기 위해서는 얼마나 많은 경건의 훈련이 필요할까 하는 생각이 들었습니다. 그래서인지 바울 사도는 다음 구절에 이렇게 적고 있습니다.

"이것은 엄청난 책임입니다. 이 책임을 떠맡을 역량이 되는 사람이 누구이겠습니까? 아무도 없을 것입니다."

바울 사도마저도 감당할 역량이 되는 사람이 없을 것이라고 말합니다. 그리고 연이어서 말합니다.

"그러나 적어도 우리는, 하나님의 말씀을 가져다가 거기에 물을 타서 거리로 나가 값싸게 파는 일은 하지 않습니다. 우리는 그리스도가 보시는 앞에서 말합니다. 하나님께서 우리의 얼굴을 보고 계십니다. 우리는 하나님에게서 할 말을 직접 받아서 할 수 있는 한 정직하게 전합니다." 아멘!

이 방송을 준비하면서 제 역량으로는 감당할 수 없을 것 같다는 마음이 들었을 때, 이 말씀이 위로가 되었습니다. 애청자 여러분, 여러분께서 이 방송을 함께 만들어 주시길 부탁드립니다. 역량이 아니라, 그리스도의 사랑을 전하고 싶은 마음이면 충분합니다. 세상을 떠들썩하게 할 대단한 이야기가 아니라도 좋습니다. 우리의 소소한 일상 가운데 함께해 주시고, 작은 신음에도 응답해 주신 진솔한 이야기를 기다립니다.

카톡 아이디 ARIEL1972 또는 arielhong316@gmail.com으로 사연을 보내 주시면 애청자 여러분들과 함께 감동을 나눌 수 있도록 기도하며 준비하겠습니다. 많은 사연 보내 주시길 부탁드립니다.

찬양 올려 드립니다.
강태욱이 부른 "시작"이라는 제목의 찬양입니다.

제가 살고 있는 버지니아에 대한 전반적인 이야기 그리고 교회들에 대한 이야기를 간략하게 해 드리고 싶습니다.

제가 살고 있는 버지니아 페어팩스 지역에서 백악관까지는 자동차로 약 30분 정도의 거리입니다. 버지니아와 메릴랜드 그리고 워싱턴 DC 지역을 같은 생활권으로 보는데요. 이 지역들에 살고 있는 한인 인구는, 한인 외교부가 발표한 2019년 재외 동포 현황에 따르면 총 17만 9,780명이며, 이 중에서 약 80퍼센트가 미국 시민권을 가지고 있다고 합니다.

버지니아의 날씨는 한국의 날씨와 아주 비슷해서 4계절이 있는데, 한국보다 약간 덜 춥고, 조금 덜 더운 날씨라고 보면 맞을 것 같습니다. 저희 집에 방문하시는 손님들께 꼭 가 보시기를 권하는 명소들이 많은데요. 백악관과 국회의사당을 방문해 보실 수 있고, 세계적으로 유명한 박물관들이 많아서 박물관을 제대로 다 돌아 보려면 한 달은 잡아야 한다고 말씀들 하십니다. DC에는 성경 박물관도 있으니 꼭 한번 와서 보시면 좋을 것 같습니다.

이곳에는 한인 교회들도 많이 있습니다. 버지니아에 154개, 메릴랜드에 129개의 한인교회가 있다고 한인교회협의회에서 통계를 내고 있습니다. 그중에서 80퍼센트의 교회가 50명 미만의 작은 교회라고 합니다. 버지니아에 있는 중앙장로교회가 출석 성도 수 5,000명 정도로 가장 큰 교회이고, 중앙장로교회에서 20분 정도 거리에 있는 열린문교회는 출석 성도 수 3,000명 정도의 대형 교회입니다. 그 외에 대략 10개의 교회가 성도 수 500명에서 1,000명 사이의 교회라고 합니다.

대형 교회의 목사님들 중에는 교회 성도들에게 작은 교회에 가서 봉사하고 섬기라고 권면하는 분도 계십니다. 실제로 그렇게 할 수 있도록 여러 가지 방법으로 돕고 있는데요. 특별히 요즘은 코로나로 어려움을 겪고 있는 작은 교회들에는 렌트비 등을 지원해 주고, 온라인 예배를 드릴 수 있도록 기술을 지원하는 등, 작고 건강한 교회 공동체를 만들어 나가도록 돕는 훈훈한 모습을 보여 주고 계십니다.

한인 인구가 많은 만큼 한인 식당과 마켓도 많아서 한국어로 된 간판들을 자주 볼 수 있습니다. 또한 교육열이 높아서 페어팩스 지역을 한국의 강남 8학군과 비교하기도 합니다. 워싱턴 DC는 미국의 수도이다 보니 세계 여러 나라의 대사관들과 영사관들이 즐비하게 늘어서 있는 거리가 있습니다. 매사추세츠 애비뉴라는 거리입니다. 주재원들이 많이 살다 보니 학교에도 다양한 국적의 아이들이 있습니다. 저희 아이가 다니는 초등학교는 매년 월드 페스티벌이라는 행사를 하는데요, 총 44개의 다른 나라에서 온 아이들이 각 나라 전통의상을 입고 퍼레이드를 하고 전통놀이 등을 선보여서 볼거리가 많습니다.

이렇게 다양한 나라의 언어와 문화가 공존하는 미국의 워싱턴 DC 지역으로 부르신 하나님의 뜻을 생각해 보았습니다. 세상 끝까지 복음을 전하라고 하신 예수님의 지상명령인 선교 차원에서 생각하면, 이곳 워싱턴 DC에 와 있는 여러 나라 사람들에게 복음을 전하고 제자를 삼는다면 그들이 자기들의 나라로 돌아가서 복음을 전하게 될 것이기에 이곳이 선교의 심장부와 같은 곳이라는 생각이 들었습니다. 저와 같은 생각을 이미 하고 있는 분들이 여러 개의 기도 모임을 만들어서 기도하고 계셨습니다. 그뿐 아니라 기도 모임의 리더들이 연합하여 연합 기도 모임을 만들어서 매월 정기 기도 모임을 가지고 있으며, 세계 선교와 다음 세대, 그리고 대한민국과 미국, 북한을 위해서 릴레이 기도를 매일 쉬지 않고 하며 영적 파수꾼의 역할을 감당하고 계십니다.

미국 정치의 심장부인 만큼 영적 전쟁이 치열한 워싱턴 DC에 하나님을 경외하는 리더들이 많이 세워져서, 올바른 정치를 하고 세계 여러 나라에 선한 영향력을 주는 미국이 되도록 깨어서 기도하라고 이곳에 보내셨다는 사명감이 들 때마다, 주님의 영광을 나타내고 주님의 능력을 드러낼 주님의 강한 군대가 세워지기를 기도하게 됩니다.

애청자 여러분은 지금 어디에 살고 계시나요? 하나님께서 여러분을 그곳에서 살게 하시며 어떤 사명을 주셨는지 궁금해집니다. 그곳에서 주님께서 주신 귀한 사명 잘 감당해 나가시길 기도하겠습니다.

찬양 올려 드립니다. "주님의 군대 세워 주소서" 입니다.

마음을 채우는 한 권의 책, 책 향기 시간입니다.
오늘 소개해 드릴 책은 팀 켈러의 《일과 영성》입니다.
뉴욕타임즈가 선정한 베스트셀러 작가이자 뉴스위크에서 21세기의 C. S. 루이스라는 찬사를 받은 팀 켈러 목사님은, 뉴욕 한복판에서 방황하는 젊은이들과 직장인들에게 일과 소명에 관한 문제를 가르치고 상담해 왔습니다. 50명에서 시작한 교회를 약 8,000명의 성도들이 모이는 교회로 이끌어 오신 목회자이며, 교회 안에 FAITH AND WORK 센터를 만들어서 한 해에 2,000명이 넘는 직장인들을 돕는 사역을 하고 있습니다.

먼저, 이 책에 추천사를 쓰신 이태형 기독교연구소장의 글을 읽어 드리겠습니다. 듣고 나면 이 책이 어떤 내용을 담고 있는지 쉽게 이해하실 수 있을 것입니다.

'직업인'을 뜻하는 독일어 '베루프'는 '소명, 부르심'을 의미합니다. 독일인에게 일은 소명 자체인 것입니다. 일이 소명과 부르심이라는 것은 비단 독일인에만 국한된 것은 아닙니다. 우리 모두에게도 일은 소명입니다. 그러나 우리 일상에서 일은 단지 일일 뿐입니다. 많은 사람들이 일상에 매이고 일생에 매여, 그저 일하다 떠납니다. 베루프로서의 일은 현실 세계에서는 실종되어 있습니다.

팀 켈러 목사의 이 책은 우리에게 베루프로서 일의 의미를 명확하게 알려 주고 있습니다. 우리가 지금 '하나님의 정원을 가꾸고 있다'는 인식을 하고 일할 때, 일터에서 수많은 변화가 일어날 것입니다. 오직 하나님의 뜻이 통과되는 통로의 삶을 살기 원하는 사람들에게 일터는 결코 포기할 수 없는 귀중한 사역의 현장입니다. 일터를 소명의 장소로 만들기 원하는 사람들, 일터를 붙들고 고민하는 사람들, 일터 사역을 꿈꾸는 사람들에게 이 책은 아주 유익합니다. 복음으로 뉴욕을 변화시키려 진력한 팀 켈러의 '일터 영성'이 이 책에 배어 있습니다. 사실 팀 켈러의 책에는 언제나 뭔가가 더

<u>있습니다! 이번에도 그는 독자들을 실망시키지 않았습니다.</u>

이태형 기독교연구소장님의 추천사처럼 이 책을 읽고 저도 실망하지 않았습니다. 형광펜을 들고 색칠해 가면서 천천히 그 의미를 곱씹어 가며 읽게 되는 책이었습니다.

'다시 일에서 소망을 찾다'라는 소제목 아래 있는 한 구절이 특히 마음에 남았습니다.

"성경의 노동관이 문화와 사회적인 배경, 직업의 종류를 초월해서 참으로 강력한 설득력을 지니고 실질적인 도움을 주는 건 그 가르침이 지극히 풍성하고 다차원적인 까닭이다."

《일과 영성》은 다양한 사상과 철학적 내용까지 광범위하게 다루고 있어서 스치듯 읽을 수 있는 책은 아닙니다. 하지만 성경적 관점으로 일을 바라볼 수 있도록 해주는 좋은 책이라고 생각합니다. 책의 내용을 기억하며, 저와 애청자 여러분 모두 하나님께서 부르신 소명의 일터에서 풍성한 열매를 맺는 해가 되면 좋겠습니다. 지금까지 함께해 주신 애청자 여러분, 감사합니다. 다음 시간까지 모두 건강하시길 바랍니다.

2.
예비하신 곳에서

— 함지혜

며칠 전 이런 글을 보았습니다.

'그 사람이 어디로 향해 달려가는지 알고 싶다면 그가 자주 연락하고 만나려는 사람이 누구인지 보라. 그가 추구하는 삶의 목표를 볼 수 있게 것이다.'

여러분은 어떤 사람들을 만나고 싶어 하고 계신지요? 가족 오랜 친구, 함께 일하는 분들을 제외하고 누구를 만나고 싶어 하며 마음을 나누고 있는가를 살펴보면, 지금 어느 곳을 바라보고 관심을 가지고 있는지 알 수도 있을 것 같습니다.

이 시간에는 하나님께서 예비하신 한 영혼을 만나기 위해 청년시절에 복음을 들고 산을 넘었던 지혜 자매님의 이야기를 통해서 선교는 하나님께서 하신다는 것이 어떤 의미인지 함께 살펴보고 싶습니다.

"좋은 소식을 전하며 평화를 공포하며 복된 좋은 소식을 가져오며 구원을 공포하며 시온을 향하여 이르기를 네 하나님이 통치하신다 하는 자의 산을 넘는 발이 어찌 그리 아름다운가"(사 52:7).

안녕하세요! 글로벌복음방송 "향기가 되어"를 통해서 하나님께서 저를 통하여 하신 일을 나눌 수 있게 되어서 감사합니다. 먼저, 하나님만이 제 인생의 자랑 되심을 고백하고 싶습니다.

지금도 보고 싶은 친구, 예림이를 만난 건 제가 대학생 때 D국에 선교를 가서였습니다. D국이 복음을 전할 수 없는 나라이기 때문에, D국 언어를 전공했던 저는 학생 신분으로 가서 현지 학생들을 전도하는 사역을 했습니다. 먼저 학교에서 만나서 개인적으로 친분을 쌓은 후에, 친해지면 집으로 초대해서 복음을 전하는 비밀스러운 방법으로 전도해야 했습니다. D국에서 복음을 전하다가 발각되면 추방을 당하고, 전도를 받은 사람은 자신은 물론 가족까지 엄청난 고통을 겪어야 하므로 조심스럽게 복음을 전해야 했고, 전도하고 나서도 제자 양육을 하는 일은 더욱 쉽지 않았습니다.

한국으로 돌아올 날이 얼마 남지 않았을 때, 예림이라는 현지 친구를 사귀게 되었습니다. 예림이와 몇 번 만난 후에 예림이에게는 복음을 전해도 되겠다는 마음이 들었고, 제가 살고 있던 기숙사로 초대해서 복음을 전했습니다. 혹시나 밖에서 누가 들을까 봐 조그만한 목소리로 방 한구석에서 간절한 마음으로 전했고, 하나님의 은혜로 예림이가 예수님을 영접하던 그 순간이 지금도 생생하게 기억납니다.

예림이가 복음을 받아들이고 나서 얼마 지나지 않아서 아쉽게도 저는 그 한국으로 돌아와야 했습니다. 그래서 현지에 계시는 분들께 예림이가 제자 훈련을 받을 수 있게 해 달라고 부탁을 드리고 한국으로 돌아왔는데, 한국에 돌아온 직후 예림이가 제자 훈련을 받지 않겠다고 거절했다는 이야기를 전해 들으며 마음이 너무 아팠습니다.

몇 년의 시간이 지나가면서 대학을 졸업하고 사역을 하며 바쁜 생활을 하는 중에도 가끔씩 예림이 생각을 했고, D국에 다시 선교를 갈 수 있기를 기도했습니다. 그러던 어느 날, 함께 일하던 선배님께서 저에게 혹시 D국에 사는 예림이라는 친구를 아느냐고 물어 왔습니다. 저는 너무 놀라서 어떻게 예림이를 아시냐고 물어 보았더니, 얼마 전부터 D국의 제자 양육 프로그램에서 예림이가 훈련을 받고 있는데 한국에 있는 지혜라는 친구가 D국에 왔을 때 전도를 받았다고 하면서 혹시나 지혜의 소식을 알고 있는지 물어 봤다고 했습니다. 예림이가 이제 스스로 원해서 제자 훈련까지 받으러 왔다는 소식, 그리고 복음을 전해 준 저에게 감사하며 기억하고 있다는 소식은 제 심장을 뛰게 했습니다. 오래전부터 다시 가고 싶었던 D국에 당장 달려가고 싶은 마음이 더욱 간절해졌습니다.

그 후 1년쯤 지나서, 드디어 다시 D국으로 선교를 나갈 기회가 왔습니다. 그러나 예림이가 있는 지역은 그곳 현지 사역자들의 사정으로 인해서 갈 수 없게 되었고, 몇 시간이나 떨어진 다른 지역으로 가야만 하는 상황이 되었습니다. 예림이를 다시 만나고 싶었던 마음이 컸던 저는, 왜 하나님께서 예림이가 있는 도시가 아닌 다른 곳으로 보내는지 순간 섭섭한 마음이 들었지만, 제 마음대로 할 수 있는 일이 아니었기 때문에 D국에 다시 갈 수 있는 것만으로도 감사하게 생각하기로 했습니다.

  D국에 도착한 다음 날, 미리 정해 놓은 어학원에 가기 위해 버스를 타고 뒷자리에 앉았습니다. 이른 아침이라서 버스는 출근하는 사람들이 많이 타고 있었습니다. 한 정거장에서 사람들이 버스에 올라 뒤쪽으로 걸어 들어오는데, 그중 한 사람을 보고 저는 너무 놀라서 심장이 멈출 뻔했습니다. 뒤로 걸어 들어오는 사람이 바로 예림이었기 때문입니다. 예림이도 저를 발견하고는 눈을 동그랗게 뜨고 입을 벌린 채로 뭐라고 말해야 할지 모르고, 그저 제 이름을 부르며 다가와서 손을 꼭 잡았습니다. 우리는 마주 보고 웃기만 했습니다.

  그날 저녁, 예림이와 만나서 많은 이야기를 나누었는데, 예림이는 얼마 전에 이 도시에 취직이 되어서 이사를 왔고 이곳에서도 신앙생활을 잘하고 있다고 했습니다. 예림이가 있던 도시에 그대로 살고 있는 줄 알고 그 도시로 가고 싶어 하는 제 마음을 하나님께서 모른 척하신 게 아니고, 예림이가 이사 온 도시로 정확하게 인도하셨다는 사실이 얼마나 감사한지, 여호와 이레의 하나님을 찬양하지 않을 수 없었습니다.

  하나님께서는 또 다른 계획을 가지고 계셨는데, 그건 지인의 부탁으로 제가 몇 달간 함께 살게 된 지원이의 구원 계획이었습니다. 현 지인인 지원이에게 복음을 전할 때, 제 언어 실력으로는 부족하여 어려운 부분들을 예림이가 와서 대신 잘 설명해 주었기 때문에, 지원이는 예수님을 영접하고 양육까지 잘 받을 수 있었습니다. 지원이를 향한 구원 계획에 저와 예림이가 한 팀이 되도록 하나님께서 미리 준비시켜 주셨다는 것을 느끼며, 한 치의 오차도 없으신 하나님을 찬양했습니다. 주님께서 예림이를 먼저 만나게 하시고 훈련시켜 주시고 그리고 지원이까지 주님께로 오도록 다 계획하시고, 그 계획을 이루는 일에 함께할 사람으로 저를 택하여 주셨다는 사실이 제 인생에 큰 감격이 되었습니다.

그 후로 복음을 전하는 것이나 이웃에게 사랑을 전하는 것은, 내가 하는 일이 아니라 하나님의 일에 동참하라고 부르시는 일에 순종하는 것이라는 믿음을 확실히 가지게 되었습니다. 나의 능력과 상관 없이 하나님의 능력으로 천하보다 귀한 한 영혼, 한 영혼을 하나님의 계획 안에서 하나님 앞으로 돌아오게 하신다는 것을 경험하였기 때문에, 이제는 주님을 위해서 저의 뜻을 이루게 해 달라는 기도가 아니라, 지금 이 순간 부르심에 순종하고 충성할 수 있게 해 달라는 기도를 드리게 됩니다.

지금 저에게 믿음 안에 굳건히 서 있는 남편과 '주님 사랑해요'라고 고백하는 세 아들의 축복을 주신 이유는, 다섯 명이 하나님을 섬기는 한 팀이 되길 바라시는 까닭이라고 믿습니다. 그래서 요즈음은 가족들과 함께 코로나로 힘든 시기를 지내는 이웃들에게 향기로운 꽃을 선물하는 프로젝트를 하고 있습니다.

이제 겨우 다섯 살을 넘긴 막내까지 힘을 합쳐서 만든 큼지막한 카드에 찬양과 말씀을 적고, 보기만 해도 미소 짓게 하는 예쁜 꽃을 가지고 한 가정 한 가정을 찾아갑니다. 카드와 꽃을 배달할 때마다 먼저 향기로운 꽃향기가 이웃들의 마음문을 열게 해주길 기도합니다. 그 향기 안에 그리스도의 사랑이 담겨 있다는 것을 말하지 않아도 받는 분들이 알게 되어서, 전능자의 품으로 돌아오며 평안을 누리게 되길 바라는 마음, 그 마음으로 이 프로젝트를 하게 하신 분

또한 하나님께서 주신 마음임을 믿습니다.

"우리가 선을 행하되 낙심하지 말지니 포기하지 아니하면 때가 이르매 거두리라."

갈라디아서 6장 9절 말씀으로 힘을 얻어서, 모두 힘차게 선을 행하는 한 해 되시길 축복합니다. 제 이야기를 들어 주셔서 감사합니다.

사연을 보내 주신 함지혜 자매님은 STS 베리트 'The Rainbow Ark'의 대표로 학교와 단체, 그리고 개인들을 위한 성경적 성교육을 하며 성경적 세계관을 확장하며, 교회와 하나님 나라를 섬기고 있습니다.

3.
마카롱이 머금은 겸손의 향기

– 이혜연

"야베스가 이스라엘 하나님께 아뢰어 이르되 주께서 내게 복을 주시려거든 나의 지역을 넓히시고 주의 손으로 나를 도우사 나로 환난을 벗어나 내게 근심이 없게 하옵소서 하였더니 하나님이 그가 구하는 것을 허락하셨더라"(대상 4:10).

이번에 코로나로 아픈 시간을 보내다가 "그리스도의 향기가 되어 살아가는 일상은 이런 것입니다"라고 몸소 보여 주고 살고 계시는 한 분의 이름을 제 마음 깊이 새기게 되었습니다. 하나님의 마음을 감동시켜 드리며 살고 싶다고 하시는 이혜연 집사님이신데요. 집사님께서 가장 좋아하신다는 신청곡 "겸손"을 먼저 듣고 돌아와서, 고통 중에 있던 저에게 큰 위로가 되어 주신 이혜연 집사님의 이야기를 들려 드리도록 하겠습니다.

　며칠 전에 집사님께서 저희 집 문 앞에 커다란 상자 하나를 놓고 갔다고 카톡을 보내 오셨습니다. 그전까지 저와 이혜연 집사님은 지역에서 열리는 연합 기도 모임 자리에서 가끔 만날 뿐, 따로 만나서 교제하는 사이는 아니었습니다. 상자 속에는 집사님이 직접 만든 마카롱과 호두과자, 호두를 얹은 밤 만쥬가 가득 들어 있었습니다. 그때 저는 코로나로 후각과 미각을 잃고 소화가 되지 않아서 잘 먹지 못하고 있었습니다. 모양과 색깔까지도 알록달록 예쁜 마카롱과 귀여운 호두과자, 고급스러운 비닐봉지에 하나하나 포장되어 있는, 하나만 먹어도 배부를 것 같은 만쥬를 보자 갑자기 15년 전의 기억이 떠올랐습니다.

　15년 전, 학교 일 때문에 필리핀의 마닐라에 방문한 적이 있었습니다. 이른 새벽에 성전 꽃꽂이를 하기 위해 꽃시장에 가는 집사님을 따라나선 적이 있었는데요. 마닐라의 꽃 도매 시장은 규모가 어마어마하게 컸고, 많은 사람들로 붐비고 있었습니다. 그곳에서 이름 모를 꽃 향기에 취해 꽃을 한 아름 사기도 했습니다.

　꽃을 차에 실어서 보내고, 집사님과 둘이서 아침 식사로 먹을 빵을 사려고 주변에 있는 골목에 갔습니다. 빵 골목에 들어서기가 무섭게, 우리는 서로 얼굴을 바라보면서 미소를 지었습니다. 빵 굽는 향기, 상상이 되시나요? 15년이 지난 지금까지도 남아 있는, 고소하며 향긋하고 달콤하기도 할 것 같은 빵 냄새…그 향기는 맛있고 따듯하고 부드러운 향기였습니다.

　코로나로 후각을 잃었기 때문에 실제로는 이혜연 집사님께서 만들어서 보내 주신 마카롱과 빵에서 나는 냄새를 맡을 수가 없었습니다. 그러나 빵이 담긴 접시를 보는 순간 15년 전에 맡았던 그 향기가 떠올랐고, 방안 가득히 빵 굽는 냄새로 채워지는 느낌이 들었습니다. 정말 그 향기를 맡고 있는 것 같았습니다. 밥 한 숟가락, 국물 한 숟가락만 들어가도 속이 울렁거려서 먹지 못하던 때였는데 마카롱 하나, 호두과자 하나가 꿀처럼 달고 맛있게 먹혔습니다. 향기도 느껴지고 맛도 느껴지는 기분으로 감사하게 먹고 나니 기분도 좋아지고 힘도 났습니다.

코로나에서 회복되고 나서 감사의 마음을 전하기 위해 집사님을 만났습니다. 대화하는 중에 이혜연 집사님께서 코로나로 더 힘든 상황에 계신 선교사님들을 위해서 마카롱과 빵을 만들고 계신다는 것을 알게 되었습니다. 몇 년 전부터 이혜연 집사님은 집에서 만든 마카롱과 빵을, 암 선고를 받거나 그 외 여러 가지 병으로 아픈 속에 계신 분들과 마음이 힘들어 지친 분들의 집에 보냈습니다. 기도 모임 후에 교제 시간에 먹을 맛있는 간식으로 전하던 것은 익히 알고 있었습니다. 그러나 선교사님들을 돕는 선교 헌금을 위해서 판매를 시작하신 것은 모르고 있었기 때문에 그 계기가 궁금해서 여쭤 보았습니다.

이혜연 집사님은 코로나로 다니던 직장을 잃었지만 그동안 후원하고 있던 선교사님들의 선교 후원을 멈출 수가 없어서 계속 후원할 방법을 찾고 있었는데, 그 사정을 아는 지인들로부터 그동안 무료로 나눠 주던 마카롱을 팔아 보라는 권유를 받았답니다. 그전에는 판매할 생각도 없었지만, 기도하는 중에 마카롱을 팔아서라도 선교사님들을 계속 후원할 수 있다면 감사한 일이라는 생각이 들어서 판매를 시작하게 된 것입니다. 주문자가 너무 많아서 3일 밤을 꼬박 새워서 만들 때도 있었답니다. 만드는 내내 찬양을 부르고 말씀을 듣기 때문에 힘든 줄도 모른다며 미소를 짓는 집사님 얼굴이 천사처럼 보였습니다. 평상시에는 근저족막염이 있어서 발바닥이 아픈데 빵을 만들 때는 아프지 않고 피곤한 줄도 모르고 만들게 되는 것이 하나님께서 힘을 주시는 일이라고 믿고 계셨습니다. 그래서 오히려 기쁨이 넘친다는 이혜연 집사님의 말씀에 가슴이 뭉클해졌습니다.

이혜연 집사님에게는 고등학생과 대학생 두 아들과 남편이 있기 때문에 가족들을 보살피는 일도 만만치 않습니다. 거기에 직장 생활을 하면서도 연합 기도 모임과 다음 세대를 위한 어머니들의 기도 모임에서도 간사로 섬기고 계시는데요. 거기에 빵을 구워서 이웃을 섬기고, 이제는 선교사님들을 후원하기 위한 판매까지 하고 계시기 때문에 일인 다역으로 바쁘고 힘드실 것입니다.

그러나 오히려 이렇게 섬길 수 있는 힘을 주시는 하나님을 찬양하는 겸손한 모습에서 삶으로 그리스도의 향기를 나타내며 살아가는 참 크리스천의 모습을 발견했습니다. 이혜연 집사님의 귀한 섬김은 하나님의 얼굴과 이웃의 얼굴을 미소 짓게 하는 따뜻한 사랑입니다.

4.
선교사의 노래

– MK 파트너스

"보라 내가 너희를 보냄이 양을 이리 가운데로 보냄과 같도다 그러므로 너희는 뱀같이 지혜롭고 비둘기같이 순결하라"(마 10:16).

3월 27일 저녁부터 유월절이 시작됩니다. 유월절이란 단어는 구약과 신약성경에 여러 차례 등장하는데요. 출애굽기 12장 13절에서 "내가 피를 볼 때에 너희를 넘어가리니 재앙이 너희에게 내려 멸하지 아니하리라" 하고 기록된 말씀을 통해 유월절이 가진 뜻을 이해할 수 있습니다.

유월절을 영어로는 'Passover'(패스오버), 히브리어로는 'פֶּסַח'(페사흐), 헬라어로는 'πασχα'(파스카)라고 하며 모두 동일한 뜻을 가지고 있습니다. 한마디로 '재앙이 넘어간다'라는 뜻으로 정의할 수 있습니다.

주님의 재림이 임박했음을 느끼게 할 만큼 악해져만 가고 곳곳에 재앙의 소식이 있는 이때에 예수 그리스도, 유월절 어린양의 보혈만이 재앙으로부터 우리를 보호해 주는 능력이 된다는 것을 다시 한번 깊이 묵상하는 기간이 되었으면 좋겠습니다.

"보혈을 지나"라는 찬양을 올려 드립니다. 독생자 예수 그리스도를 우리의 죄를 씻어 주실 어린양으로 보내 주시고 지금도 우리를 위해 일하시는 하나님의 사랑을 함께 나누면 좋겠습니다.

유월절 어린양의 보혈을 지나서 430여 년 동안의 긴 노예 생활을 마치고 출애굽 하게 되었을 때, 하나님께서는 이스라엘의 어린 자녀들을 금, 은, 보석으로 치장하고 나오라고 말씀하셨습니다. 출애굽기 3장 21-22절 말씀입니다.

> "내가 애굽 사람으로 이 백성에게 은혜를 입히게 할지라 너희가 나갈 때에 빈손으로 가지 아니하리니 여인들은 모두 그 이웃 사람과 및 자기 집에 거류하는 여인에게 은 패물과 금 패물과 의복을 구하여 너희의 자녀를 꾸미라 너희는 애굽 사람들의 물품을 취하리라."

1년 전쯤, 하브루타 성경 모임에서 이 말씀을 가지고 토론한 적이 있었습니다. 왜 하나님께서는 자녀들을 보석으로 치장하고 나오게 하라 하셨을까요? 애청자 여러분들은 어떻게 생각하시나요? 하나님께 여쭤 보아야 정답을 알 수 있겠지만, 저는 최근에 'MK 파트너스'를 함께하게 되면서 이 말씀이 계속 생각났습니다.

MK 파트너스는 한국인을 만나기 어렵고 영어를 배우는 것이 쉽지 않은 열악한 환경에서 사역하고 계시는 선교사님들의 자녀를 돕기 위해서 만들어졌습니다. 무슬림 지역 중에서도 지방의 작은 마을에서 사역하시는 선교사님 자녀들에게 1대 1 영어 튜터를 해주는 프로젝트로부터 시작되었습니다. 이런 사역을 시작해 주어서 감사하다는 말을 하고 또 하고 또 하시는 선교사님들을 보면서, 출애굽 할 때 하나님께서 왜 이스라엘의 자녀들을 금은보화로 치장하게 하셨는지 그 이유를, 그렇게 하라고 하신 하나님의 마음을 조금은 알 것 같았습니다.

430년 동안 대물림하여 노예 생활을 하던 이스라엘 민족, 바로가 주는 고통과 멸시는 점점 커져 가는데 부모는 자녀가 태어나면 더 악한 통치 밑에서 노예 생활을 할 수밖에 없다는 것을 알았고, 그런 그들의 심정은 말로 표현할 수 없는 고통이었을 것입니다.

"아, 하나님! 우리가 이렇게 고통 받고 사는 것도 괴롭지만, 우리 자녀들이 그런 고통 속에서 사는 것을 차마 눈 뜨고 볼 수가 없습니다. 우리 자녀들을 구원하여 주옵소서. 우리 자녀들을 구원하여 주옵소서."

이스라엘 사람들의 간절한 기도가 하나님의 귀에 들렸다고 성경은 전하고 있습니다.

하나님의 본체이신 예수 그리스도께서 우리를 위하여 사람의 모습을 하고 낮고 낮은 땅으로 오신 것처럼, 노예들에게 복음을 전하기 위해 좋은 제안을 다 거절하고 스스로 노예가 되어 죽는 날까지 노예들에게 복음을 전한 아브라함 비닝거(Abraham Bininger)의 이야기를 들어 본 적이 있을 것입니다. 성 토마스 섬의 성자라고 불리는 아브라함 비닝거처럼, 오늘날에도 수많은 선교사님들이 작은 예수가 되어, 안정된 삶을 스스로 포기하고 가족과 친척 고국을 떠나, 주님께서 보여 주시는 땅 황량한 오지에서 그 땅의 영혼들을 품고 예수 그리스도의 사랑을 전하고 계십니다. 코로나로 전 세계의 교회들이 어려움을 겪고 있는 때이지만 무슬림 지역에서는 드러내 놓고 전도할 수 없음에도 불구하고 계속해서 영혼 구원의 소식이 들려옵니다. 지금 이 순간에도 선교 현장에서 일하시는 하나님의 성령의 역사에 감동이 밀려옵니다.

> "베드로가 여짜와 이르되 보소서 우리가 모든 것을 버리고 주를 따랐나이다 예수께서 이르시되 내가 진실로 너희에게 이르노니 나와 복음을 위하여 집이나 형제나 자매나 어머니나 아버지나 자식이나 전토를 버린 자는 현세에 있어 집과 형제와 자매와 어머니와 자식과 전토를 백 배나 받되 박해를 겸하여 받고 내세에 영생을 받지 못할 자가 없느니라"(막 10:28-30).

선교사님들은 스스로 섬기는 종의 모습으로 선교지에 가서 고난과 박해를 받으면서도 그 땅의 영혼들을 품고 귀한 사역을 감당하시지만, 부모의 선택으로 그 고통을 함께 감당해야 하는 어린 자녀들을 보면서 미안한 마음을 가지지 않을 수 없었을 것입니다. 이스라엘의 신음을 들으신 하나님께서 금, 은, 보석으로 치장시켜 주시듯, 좋은 만남으로 선교사님과 자녀들의 심령을 만족게 해주시리란 기대를 가지면서 출애굽기 말씀을 깊이 묵상합니다.

A국에서 사역하시는 선교사님의 자녀는 대학 진학을 앞두고 영어 교육을 제대로 해주지 못하는 현지 학교를 다닌 관계로 2년이나 학년을 낮춰서 대학을 준비해야 하는 아픔을 겪어야 했습니다. 영어를 잘 알아듣지 못해서 좋지 않은 학생으로 오해를 받아 힘든 시간을 겪고 고통스러워하는 아들을 생각하면 아들 곁으로 선교지를 옮겨야 하지만, 그럴 수가 없었던 선교사님은 그 문제를 해결하기 위해 장장 왕복 20시간 가까이 걸리는 거리를 일주일에 네 차례나 오르내리기도 하셨답니다.

그런 과정을 겪으면서 '이것은 한 개인 선교사의 문제가 아니라 대도시가 아닌 지방의 작은 마을에서 사역하는 선교사들이 겪는 아픔이다'라고 절감하셨다고 합니다. 이 일을 해결할 수만 있다면 선교사들이 대도시로만 몰리는 현상을 줄이고, 지방에 있는 선교사들의 짐도 나눠 질 수 있을 것이라고 생각하고, 버지니아에 계신 선교사님께 도움을 요청하셨습니다. 이런 선교사님의 생각에 공감한 몇몇 분들이 마음을 모아 MK 파트너스를 만들어 돕기로 결정한 것입니다.

MK 파트너스 사역을 진행하는 과정에서 선교사님들과 상담을 하고 자녀들을 만나면서, 언어와 문화가 다른 지역으로 와서 적응하는 것에 어려움을 겪으며 틱 현상이 오거나 언어 치료를 받아야 하는 자녀들도 많이 있다는 것을 알았습니다. 또 현지 학교에서 학생들 간에 갈등이 생길 경우에는 선교사의 자녀이기 때문에 억울한 상황에서도 잠잠히 참아 내며 기도한다는 이야기들을 듣게 되었습니다. 저 역시 4명의 아들을 키우는 어머니로서 내 자식이 소중한 것은 모든 부모가 마찬가지일 텐데 선교사님들의 마음이 얼마나 아프실까 싶어 가슴이 저려 왔습니다.

 더 심각한 어려움을 만나면 결국은 자녀들을 위해서 선교지를 떠나 대도시로 옮겨 가는 경우가 생길 수밖에 없기에, 자녀 교육 환경이 나은 대도시로 선교사님들이 모여드는 현상도 나타난다고 합니다. 도시 선교의 비전을 가지고 전략적으로 도시로 가는 선교사님들도 많이 계시지만, 자녀들의 어려움을 나 몰라라 할 수 없어서 피땀 흘려 씨를 뿌린 선교지를 떠나는 일은 없어야 하기에 부탁을 드린다는 선교사님의 진심 어린 간절한 마음이 전해졌습니다.

 또한 중앙아시아 이슬람의 메카인 U국에서 선교를 하는 중에 미국과 U국의 관계가 악화되면서 미국에서 온 선교사님들이 모두 추방되는 사태가 일어나 학교가 폐교되는 위기를 겪었던 방대식 선교사님의 간증 속에도, 한 치 앞을 알 수 없는 선교의 현장에서 어린 자녀들이 겪게 되는 아픔들이 고스란히 담겨 있습니다.

 방 선교사님은 U국에서 대학교의 3개 층을 빌려서 미국에서 온 선교사님들과 힘을 합쳐서 에버그린 국제학교를 운영하고 계셨는데, 어느 날 갑자기 다음날 검열 위원회가 나오니 당장 내일까지 학교를 비워 달라는 대학교 측의 강압적인 요청을 받았다고 합니다. 짐을 가져가지 않으면 학교 안에 있는 학교 비품들과 기자재와 영어 도서들을 다 빼앗길 급박한 상황에서 선교사님은 학부모님들과 교직원들에게 비상 연락을 하여서 모이게 했습니다. 오후 5시 30분부터 다음날 오후 1시 30분까지 20시간 동안 밤을 꼬박 새워 가며 대형트럭 20대 분량에 해당하는 650개의 상자에 짐을 다 담아서 나르는, 말 그대로 현대판 출애굽의 행렬 같은 대이동을 하였습니다.

이 광경을 지켜보는 대학교 측에서는 혀를 내두르며 놀라움을 금치 못했다고 합니다. 이런 급박한 상황에서도 그 많은 짐을 옮길 수 있는 예비 처소가 준비되게 하신 여호와 이레의 하나님을 찬양하였고, 한편으로는 한국인들이었으니까 가능한 일이 아니었을까 하는 민족적 자부심마저 들었다고 간증하셨습니다.

그 후로 추방당한 선생님들 대신 교육을 맡아 주실 선생님을 구하기 위해 미국 동부와 서부를 오가며 애태웠던 기억들을 나누셨습니다. 그리고 고등학생이던 자녀는 더 이상 학업을 미룰 수가 없어서 부모 곁을 떠나 전학에 전학을 거듭했답니다. 어려운 시간을 보내야 했던 큰딸 예은이의 파란만장한 고등학교 시절을 전해 주시는 선교사님은 아버지로서의 미안한 마음을 감추지 못하셨습니다.

그리고 이런 어려움을 견디고 성장한 세 딸이 자신들과 같은 어려운 상황에 놓인 선교사 자녀들의 멘토가 되고 선생님이 되어 주기 위해 교사 자격증을 따고 섬기는 모습을 보면서, 선교사의 자녀는 결국 하나님께서 책임져 주신다는 것을 깊이 체험하였다고 간증해 주셨습니다.

선교사님은 A국에서 영어 교육을 도와 달라는 요청을 받고, 마음을 같이하는 선교사님들과 함께 'MK 파트너스'를 만들고, 급한 대로 먼저 자녀들에게 선생님으로 섬겨 달라고 도움을 청하셨는데요. 최문종 선교사님의 자녀 최지혜 선생님과, 방대식 선교사님의 세 자녀 방예은, 예나, 예희 선생님이 흔쾌히 동참해 주셨습니다. 선교사의 자녀로 살면서, 열악한 무슬림 지역에서 때로는 학교에 가지 못하고 홈스쿨을 해야 했고, 전학에 전학을 거듭하는 어려움 속에서 눈물 마를 날 없는 학창 시절을 보냈지만, 하나님의 은혜로 훌륭하게 성장하여 이제는 자신들과 같은 어려움을 겪고 있는 선교사의 자녀들을 돕겠다고 나서 주는 것을 보면서 감동의 전율이 일었습니다. 거기에 하나님을 위한 일이라면 당연히 해야 한다며 제 아들 연준이 또한 SAT를 가르쳐 주겠다며 힘을 보태면서, 부모와 자녀가 합력하여 사역하는 복을 누리게 하시는 하나님께 영광을 돌리게 해 주셨습니다.

또 워싱턴 순복음제일교회 윤창재 목사님의 자녀 서연이와 희연이, 워싱턴 선한목자교회 민진성 목사님의 자녀 진율이, 그리고 멀리 미시간에서 섬겨 주는 영재 소녀 은유, 제 막내아들 아브라함까지, 선교사님 자녀들의 친구이자 스피킹 파트너가 되어 재밌고 유쾌한 영어 성경 암송과 회화를 도와 주고 있으니 이처럼 아름다운 사역이 또 있을까 하는 마음에 또 한번 하나님께 감사를 올립니다.

질적으로도 부족함이 없도록 데이비드 김 선교사님, 수전 김 선교사님 같은 훌륭한 교육 전문가들을 모셔서 조언을 구하기도 했습니다. 2주 정도의 짧은 기간 안에 모든 준비를 마치고, 드디어 3월 15일에 선교사 자녀들을 위한 영어 교육이 시작되어서 잘 진행되고 있습니다. 이것은 선교사님들의 기도에 응답해 주신 하나님의 은혜입니다. 이름 없는 꽃과 같이, 빛도 없이 오직 주님을 사랑하기 때문에 예수 이름을 위하여 사명을 다하시는 선교사님들과 그 가정을 마음 다하여 축복합니다.

"실패한 선교는 없다. 선교하지 않는 것이 실패이다."

선교는 하나님이 하십니다. 하나님의 일에 동참하기를 기뻐하시는 글로벌복음방송 애청자 여러분의 가정에 주님께서 주시는 형통의 기쁨이 늘 함께하시기를 축복하며 이 시간을 마치겠습니다. 지금까지 함께해 주셔서 감사합니다. 평안하세요. 마지막 찬양은 "선교사의 노래" 입니다.

5.
하늘 소망을 담은
그리움의 향기

— 민진성

"누가 현숙한 여인을 찾아 얻겠느냐 그의 값은 진주보다
더 하니라 그런 자의 남편의 마음은 그를 믿나니 산업이
핍절하지 아니하겠으며 그런 자는 살아 있는 동안에 그의 남편에
게 선을 행하고 악을 행하지 아니하느니라"(잠 31:10-12).

아름다운 꽃들이 피어나는 봄날, 따사로운 햇살이 창가에 비치면 집 안에 있는 것이 너무 아깝게 느껴지기도 합니다. 이런 날이 계속 되는 가운데, 이곳저곳에서 들려 오는 꽃 축제 소식은 마음을 더욱 설레게 만듭니다.

워싱턴 DC에서도 벚꽃 축제가 시작되었습니다. 1912년에 일본의 도쿄 시장이 3,000그루의 벚꽃을 선물해서 포토맥 강변에 심은 것

을 시작으로, 미국과 일본의 우호 관계 증진을 위해 매년 일본 사람들의 적극적인 후원과 참여로 이루어지는 이 축제는 화려한 볼거리와 먹거리를 갖추고 엄청난 인파가 몰려드는 축제가 되어서 DC의 명물이 되었는데요. 캐나다의 벤쿠버, 일본의 삿포로와 함께 세계 3대 벚꽃 축제로 알려져 있기도 합니다.

그런데, 동양미술사 학자 존 카터 코벨 박사님의 말씀에 따르면, 워싱턴의 벚나무는 일본산이 아니라 제주도산 왕벚나무라고 합니다. 1910년에 처음 기증했던 2,000그루가 병충해로 전량 소각된 이후 미국 풍토에서 살아남을 수 있는 강한 종자를 제주도 등지에서 채집해서 심은 것으로, 꽃의 형태를 비롯한 여러 가지 분류학적 형질들로 보면 제주의 왕벚나무가 분명하다는 것인데요, 이 왕벚나무는 세계적으로 제주도에만 자생하는 제주 특산 식물이라고 합니다. 워싱턴 벚나무가 일본산으로 둔갑한 것에 분개한 이승만 박사님은 1943년 4월 아메리칸 대학에 제주 왕벚나무 네 그루를 심고 한국 벚나무 명명 기념식을 거행하면서, '워싱턴에 심기 벚나무들은 한국이 원산지며 이 나무들은 한국 벚나무임을 선포한다'라는 결의안을 발의했다고 합니다.

이러저러한 사연을 뒤로 하고 올해도 벚꽃은 화려하게 그 자태를 뽐내며 도시 전체를 수 놓겠지만, 아쉽게도 한 달도 채 버티지 못하고 시들어 버리게 될 것입니다. 꽃은 지고 발 디딜 틈 없이 몰려들던 사람들도 사라진 텅 빈 회색 도시, 워싱턴 DC의 풍경을 보면, 떠오르는 말씀이 있습니다.

"모든 육체는 풀이요 그의 모든 아름다움은 들의 꽃과 같으니 풀

은 마르고 꽃이 시듦은 여호와의 기운이 그 위에 붊이라 이 백성
은 실로 풀이로다 풀은 마르고 꽃은 시드나 우리 하나님의 말씀
은 영원히 서리라 하라"(사 40:6-8).

눈에 보이는 육체는 풀과 같이 꽃과 같이 시들어 사라져 없어집
니다. 하지만 사랑 자체이신 하나님의 말씀처럼 우리 마음에 새겨진
사랑하는 사람의 기억은, 기억을 영원히 남아 있게 하신 하나님의
은혜로 머물러 우리는 기쁘게 천국 소망으로 살아가게 합니다.
오늘은 하나님의 마음으로 지체들을 지극 정성으로 섬기다가, 하
나님의 부름을 받으신 고 김명선 사모님을 기억하며, 아들인 민진성
목사님께서 천국에 계신 어머니에 대한 그리움을 담아 가슴으로 써
내려간 편지를 읽어 드리겠습니다.

> 제 어머니는 강한 분이셨습니다. 믿음이 강했으며 기도의 힘이 강
> 했습니다. 또 사랑의 힘이 강했으며, 다른 사람을 긍휼히 여기는
> 마음이 강하셨습니다. 그러기에 40여 년 목회 인생 가운데 새벽마
> 다 눈물로 기도하셨고, 거의 평생 아침을 금식하시며 하나님께 간
> 절히 간구하셨습니다.
> 스물네 살 꽃다운 나이에 목회자이던 아버지와 결혼하셨고, 저에
> 게는 4대째의 신앙을, 손주들에게는 5대째로 믿음이 흘러가게 하
> 셨습니다. 결혼과 동시에 충청남도 청양에서 목회를 시작하셨고,
> 제가 여섯 살 때는 대전에서 교회를 다시 개척하셨습니다. 그리고
> 40여 년간 교회의 사모로 섬기셨습니다.
> 제가 여덟 살 때 교회 이전을 시도했다가, 모든 공사가 끝나고 이

사하는 당일 교회 주변의 주민들이 데모하며 반대하여 부모님과 성도님들이 눈물을 흘리며 다른 장소를 다시 찾아야만 했던 기억이 있습니다. 어머니는 그때 저를 부둥켜안고 눈물로 기도하셨습니다.

어려운 개척 교회 시절, 교회 본당 뒤편에 커튼을 치고 몇 년간 살았던 적도 있습니다. 그렇게 힘든 시기에도 어머니께서는 음식을 해서 성도들을 사랑으로 섬기셨습니다. 그때 저희 가족 외에 할머니도 계속 계셨고, 심지어는 그 좁은 공간에서 함께 살았던 성도님도 있습니다. 어머니가 감당하기에는 정말 힘든 상황이었지만, 그때에도 항상 눈물로 기도하셨고 어려운 상황 속에서도 성도들에게 끊임없이 베푸셨습니다.

어머니는 운전을 정말 잘하셨습니다. 봉고차를 평생 운전하셨는데요. 제가 중학생 시절에는 교회가 4~5년 정도 폐종이와 같은 재활용품을 모아서 건축기금을 마련하는 운동을 했습니다. 그때 어머니와 성도님들은 밤낮으로 대전의 여러 곳을 돌아다니며 모아서 건축기금을 마련하기도 했습니다. 또 성도들이 무슨 일이 생길 때면 어디든 차로 운전하여 데려다주고 데리러 가고, 그렇게 사랑을 보여 주셨습니다.

자녀들에게는 기도로 믿음 가질 수 있게 양육하셨고, 저희에게는 그 어떤 것도 하나님을 위해서는 바꾸지 말 것을 가르쳐 주셨습니다.

어머니는 1남 6녀 중 셋째 딸이었습니다. 밑으로 외삼촌과 이모부 두 분이 모두 목사님이신데요. 어머니께서는 외숙모와 이모들에게 목회자의 아내가 목사인 남편을 어떻게 내조해야 하는지, 자녀는 어떻게 양육해야 하는지, 성도들에게 어떻게 해야 하는지 모범이 되어 주셨습니다. 권사님이신 이모와 집사님이신 이모들에게는 늘 기도로 사랑을 베풀어 주셨습니다. 그래서 외할아버지, 외할머니 추모예배는 매년 저희 집에서 온 가족이 모여 드렸습니다.

어머니는 저희 3남매를 정말 사랑하셨습니다. 제가 장교 훈련을 마치고 임관식을 할 때 제 어깨에 장교 배지를 달아 주며 행복해하시던 모습이 눈에 선합니다. 제가 결혼할 때 눈물을 훔치며 기뻐하시던 모습, 첫 손주 진율이를 목욕시키면서 행복해하시던 모습, 그 웃음소리가 기억납니다. 2년 전에 미국에 방문하셨을 때 5년 만에 만나서인지 저를 보자마자 공항에서 막 우시던 모습, 진리를 처음 보고 흐뭇해하시던 모습, 며느리에게 더 해준 것이 없다며 미안해하시던 모습…. 그 모든 어머니의 모습이 저는 그립습니다.

갑작스러운 질병으로 병원에 누워 계실 때, 소천하시기 한 달 전에 말씀을 어느 정도 편하게 하실 수 있게 되자 저에게 살아 계신 하나님만 믿고 바라보라고 당부하셨습니다. 눈을 감기 이틀 전에는 저에게 사랑한다며 들기도 힘든 손을 들어서 하트를 보내 주셨습니다. 골수에 암이 퍼져 손가락 하나 움직이는 것도 힘드실 텐데 저에게 환한 미소로 사랑한다고 하셨습니다.

눈을 감을 때는 제가 가 보지 못해 죄송하다고, 옆에 함께 있지 못해 정말 죄송하다고, 그리고 사랑으로 믿음으로 키워 주셔서 감사하고 사랑한다고 말씀드렸더니 고개만 간신히 끄덕이셨습니다. 진즉에 장남이 보고 싶다고 하셨으면 갔을 텐데… 며느리하고 진율이, 진리를 데리고 갔을 텐데… 사랑하는 장남이 받은 사명과 그 목회의 길을 가라고 아무 말씀 하지 않으셨습니다. 하나님 곁으로 가실 때 어머니가 사랑하는 장남 없이 보내 드려 정말 죄송합니다. 더 고통당하지 않고 하나님 곁으로 가셨기에 감사드립니다. 천국에서 외할아버지, 외할머니 그리고 할머니와 먼저 행복한 시간 보내시고, 손녀 진리의 말처럼 하나님과 예수님과 우아하게 티파티 하면서 보내세요. 일평생 어머니께 사랑만 받아서 감사하고, 마지막에 함께해 드리지 못해 정말 죄송합니다.
어머니가 저의 어머니여서 행복했고, 자랑스럽습니다. 저도 하나님 앞에 설 때까지 최선을 다해 사명 감당하겠습니다.
나중에 천국에서 만나요. 엄마, 사랑해요.

천국에서 하나님과 예수님과 우아하게 티파티 하면서 아드님의 편지를 듣고 계시는 김명선 사모님의 모습을 쉽게 상상할 수 있습니다. 그것은 우리에게 부활의 소망이 있기 때문입니다. 누구에게나 찾아오는 죽음, 그 이별 후에 우리는 사랑하는 사람들에게 어떤 사람으로 기억될 삶을 살고 있을까요? 특별히 부활절을 앞둔 이 시간에 하나님의 아들이신 예수 그리스도께서 이 땅에서 걸어가신 발자취를 따라 성경을 읽어 가며, 우리에게 주기를 원하셨던 죄 사함과 영생, 부활의 소망에 대해서 깊이 묵상하는 시간이 되시기를 바랍니다.
"하늘 소망"이라는 찬양 올려 드립니다.

6.
하나님의 약속

– 김 교수

"그는 멸시를 받아 사람들에게 버림 받았으며 간고를 많이 겪었으며 질고를 아는 자라 마치 사람들이 그에게서 얼굴을 가리는 것같이 멸시를 당하였고 우리도 그를 귀히 여기지 아니하였도다"(사 53:3).

예수님은 거절당하는 것이 어떤 느낌인지 누구보다도 잘 이해하시는 분입니다. 원수들은 물론, 가족과 제자들에게까지 거절당하고 외면당한 경험을 직접 하셨기 때문입니다. 예수님은 거절당하셨을 때, 자기를 저주하는 자들을 용납하시고 오히려 축복하기까지 하셨습니다. 그리고 지금, 우리가 예수님 닮아 가는 삶을 살도록 도우시는 성령님께서는 우리에게 예수님의 그 모습을 닮아 거절 받은 상처에 매이지 말고, 용납하고 축복하라고 부드럽게 권유하고 계십니다.

애청자 여러분들도 그 음성에 민감하게 반응하며 자신에게 거절하는 사람들까지도 축복하며 살고 계실 줄 믿습니다. 거절의 아픔을 넘어 복을 비는 자리까지 나아가는 과정을 진솔하게 나누어 주신 사연을 통해서, 혹시라도 거절의 쓴 뿌리가 남아 있다면 다 뽑아 버리려는 마음이 생겨나길 소망합니다.

어린 시절 거절의 경험을 이겨 내시고 지금은 대학교에서 크리스천 음악을 가르치는 귀한 하나님의 딸 김 교수님의 사연입니다.

누군가에게 거절을 당하는 것은 참으로 힘든 일입니다. 그것은 상처를 받는 것을 의미하는 것이기 때문입니다. 유년 시절, 아버지는 외항선을 타는 일을 하셔서 1년에 한 번 집으로 와서 한두 달 머물고 다시 일하러 가시곤 하였습니다. 그래서 어렸을 때 졸업사진을 보면 거의 아버지의 모습은 찾아볼 수가 없습니다.

아버지의 직업 때문에 유년 시절에 아버지와 친밀한 관계를 유지할 기회가 많이 없었기도 하지만, 아버지의 성격 때문에도 저와 아버지는 끈끈한 부녀의 정을 나누기가 힘들었던 것 같습니다. 아버지는 전형적인 경상도 분으로 보수적인 가부장적인 스타일이었습니다. 유행가 가사가 딱 들어맞았습니다. 가까이하기에는 너무나 먼 당신이었고, 대화조차 되지 않는 아버지가 자연적으로 불편하게만 느껴졌습니다. 칭찬보다는 잘못에 대해 일방적으로 지적하실 때가 많았기 때문에 아버지가 하신 말로 상처를 받았습니다. 아버지 표정으로도 정서적으로 많은 상처를 받으며 자랐습니다. 물론 우리가 다 잘되라고 사랑으로 하신 것이었겠지만, 표현을 그렇게 하시니 어린 저에게는 제대로 아버지의 마음이 전달되지 않고 사랑이 아닌 구박으로 여겨진 것 같습니다.

그 상태로 세월이 흘러가는 동안 별다른 변화 없이 대면대면한 부녀 관계로 지내다가, 최근에 아버지 건강이 악화되면서 부녀지간의 사랑을 확인하고 표현하기 시작했습니다. 이 일이 계기가 되어 관계가 조금씩 나아지고 있는 것 같지만, 내 안의 상처와 쓴 뿌리가 완전히 해결되지는 못했는지, 가끔씩 어렸을 때의 상처가 떠올라 아버지께 순간 불편한 마음이 들기도 했습니다.

하나님께 아버지에 대한 제 마음을 올려 드리며, 제가 주님의 사랑으로 아버지를 먼저 축복하고, 용서하고, 이해함으로 부녀 관계에 온전한 회복이 있게 되기를 기도하게 됩니다. 기도드렸으니 그렇게 이루어 주시리란 믿음이 생기는 것이 감사합니다.

젊은 날의 아버지께서 그러셨듯이, 저에게도 모든 것을 통제할 수 있다는 자신감이 있던 시절이 있었습니다. 하지만 인생을 살아오면서 결국 내 뜻대로 할 수 있는 것은 아무것도 없다는 것을 점차 깨달았습니다. 항상 하나님 뜻을 알기를 원한다고 기도했지만 내가 원하는 것을 들어주시기를 요구하며 플랜B를 내 손안에 움켜쥐고 있었습니다. 내가 원하는 시점까지 안 해주시면 나도 내 방법을 강구하겠다는 아브람의 아내 사래와도 같은 마음을 가지고 산 젊은 날이었습니다. 하지만 뜻대로 되지 않는 결혼 앞에서 나의 자아는 완전히 낮아졌습니다. 남들이 부러워할 만한 결혼 생활을 통하여 보란 듯이 잘 살면서, 주님이 하셨다고 자랑하고 싶은 마음이 내 속에 가득해서였을까요? 결혼은 내 뜻대로 되지 않았습니다. 말로는 주님 한 분만으로 만족한다고 하고 있었지만, 그렇게 머리로는 알고 있었지만, 아니 어쩌면 나는 내가 그런 믿음을 가진 사람이라고 스스로도 믿고 있었는지 모르지만, 돌이켜 생각해 보면 나의 모든 소원을 만족케 해줄 완벽한 또다른 구세주로서의 배우자를 원하고 있던 마음도 한 켠에 있었던 것 같습니다.

주님의 말씀을 가까이하며, 낮아진 자존감이 회복되면서 내 안에 거절 받았던 아픈 기억을 인정하고, 그 기억을 통해서 내 가정은 그렇게 만들지 않도록 미리 소통하는 방법들을 잘 익히고 행하며, 내 인생이라고 믿고 내가 통제하려고 했던 부분들을 주님께 맡깁니다. 그리고 이제는 더욱 낮아지며 온전히 주님의 때를 기다리는 겸손한 신부가 되기 원한다는 기도를 드리게 됩니다. 내 마음대로가 아닌, 주님의 마음이 내게 부어지고, 주님의 뜻이 내 삶 가운데다 이루어지길 원합니다.

나의 입술로 이 고백을 할 때까지 부드럽게 권면하고 인도하며 사랑을 쏟아부어 주신 주님을 찬양합니다.

"주님 마음 내게 주소서"라는 찬양 올려 드립니다.

7. 초록이 품은 신선한 향기

– 김명숙

"그러나 하나님께서 세상의 미련한 것들을 택하사 지혜 있는 자들을 부끄럽게 하려 하시고 세상의 약한 것들을 택하사 강한 것들을 부끄럽게 하려 하시며 하나님께서 세상의 천한 것들과 멸시 받는 것들과 없는 것들을 택하사 있는 것들을 폐하려 하시나니 이는 아무 육체도 하나님 앞에서 자랑하지 못하게 하려 하심이라"(고전 1:27-29).

초록

– 김명숙

밤새 내린 비로

깨끗하게 씻겨진 산을
모든 일을 제쳐 두고 올랐습니다.
아카시아가 피고
등나무꽃이 피고
때죽나무는 하얀 꽃봉오리들을 조롱조롱 달고 있고
으름나무 연보라 꽃도 피어 있었습니다.
파스텔로 그려 놓은 것 같은 부드러운 파랑 하늘엔
뭉게구름이 지나가고
초록으로 짙어져 가는 산길엔
초록의 그늘이 신선한 향기를 품고 있었습니다.

오월의 빛을 통해 바라보는 초록빛의 싱그러움이 전해지는 이 글은, 세월이 비켜 간 듯 소녀의 감성으로 하나님의 마음을 아름다운 글로 전하는 김명숙 사모님께서 쓰신 글입니다. 인생의 중반을 훌쩍 넘기셨지만, 하나님께 대한 감사의 눈물이 마르지 않아 더 청초해 보이며 5월의 신부처럼 순결한 영성을 사모님의 삶을 곁에서 지켜보는 것만으로 하나님의 살아 계심과 온유하심과 인자하심이 전해지는 듯합니다.

목회자의 아내로, 선교사로, 육체의 고통을 지나 낳아 기르는 자녀와 가슴으로 낳은 자녀들을 함께 키우는 일상의 숨 가쁜 현실에서도, 말씀 묵상과 기도를 놓지 않고 아름다운 글로 하나님을 찬양하고 치유와 회복이 필요한 어머니들을 세우는 사역에 헌신하시는 귀한 섬김을 봅니다. 외모는 천상 여자에 연약함이 묻어 나는 좁은 어깨를 가진 사모님인데, 마치 전쟁터에 당당하게 나갔던 이스라엘의 여선지자 드보라와 같다는 생각을 했습니다. 이 시간이, 김명숙 사모님처럼 거친 풍랑이 몰아치고 있는 것과 같이 긴박하고 험난한 인생을 살면서도 하나님의 꿈을 자신의 꿈으로 받아들이고 사는 사람들을 축복하시는 하나님의 마음이 전해지는 시간이 되면 좋겠습니다. "물 위로 오라"는 찬양을 올려 드립니다.

8.
주님 옆,
주엽동에 살아요

– 유영윤

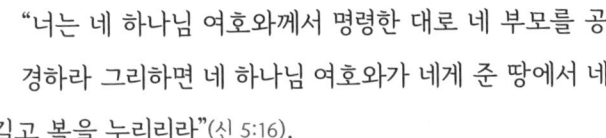
"너는 네 하나님 여호와께서 명령한 대로 네 부모를 공
경하라 그리하면 네 하나님 여호와가 네게 준 땅에서 네
생명이 길고 복을 누리리라"(신 5:16).

2월이 되면서 버지니아에는 함박눈이 많이 내렸습니다.
작년 겨울에 눈이 거의 오지 않아서 아쉬워하던 막내아들 아브라함이 쏟아지는 눈을 보고 얼마나 좋아하는지, 몇 번이고 밖으로 나가서 눈사람을 만들고, 둥그런 눈덩이를 여러 개 만들어 붙여서 스노우 스파이더도 만들고, 눈에서 구르며 노는 모습이 영락없이 귀여운 강아지 같았습니다. 코로나 때문에 친구를 만날 수가 없어서 제가 친구가 되어서 같이 눈사람을 만들고 눈싸움도 했는데, 눈덩이를 굴려서 커다랗게 만들려고 보니 어찌나 무거운지, 추운 날씨임에도 불구하고 땀이 비 오듯 쏟아지고 숨이 차올랐습니다.

일을 마치고 집에 온 남편에게 여덟 살짜리 아들 하나 만족할 만큼 섬기는 일도 만만치가 않다고 말하고는 같이 웃었는데요, 대화를 하다 보니 섬김이라는 단어에서 연상되어 로마서 16장에 나오는 사람들이 생각이 났습니다.

로마서 16장에는 사도 바울이 서른일곱 명의 이름을 적어 가며 안부를 전합니다. 그중에서 첫 번째로 이름을 거론한 사람이 겐그리아 교회의 일꾼 뵈뵈 자매였습니다. 여성의 사회적 지위가 남성에 비해 현저히 낮았던 그 시대에, 교회의 일꾼으로 인정받고 사도 바울이 보호자라고까지 말하면서 성도의 예의로 대하며 극진히 대접하라고 부탁할 정도로 인정을 받는 뵈뵈 자매님. 분명히 기도하며 성령님의 세밀한 음성을 듣고 순종하며 섬겨야 할 사람들을 주님을 섬기듯이 섬기는 분이었을 것이라는 생각이 들었고, 오래전에 섬기던 교회의 담임목사님 성함이 바울이었는데 저희 부부를 위해 브리스가와 아굴라 같은 부부가 되게 해 달라고 기도해 주셨던 생각도 났습니다.

성경 안의 인물을 보면서 자신과 비슷한 성품의 믿음의 선배들을 발견하면, 자기의 이름도 그렇게 바꾸기까지 하면서 그리스도 안에서 새 삶을 살려고 하시는 분들도 만나 볼 수 있었는데요, 오늘 나눠 드릴 사연을 보내 주신 유영윤 집사님도 겐그리아 교회의 일꾼 뵈뵈 자매님처럼 섬김의 삶을 살면서 주위에 선한 영향력을 끼치며 살고 싶어 하는 분입니다.

제가 유영윤 집사님을 처음 만난 건 예수전도단 파주 지부에서 진행하는 청소년들을 위한 성경공부 프로그램에서였습니다. 간사로 섬길 때 맡은 소그룹 아이들을 위해 기도를 하시는 모습이나, 간사 모임에서 나눠 주시는 말씀이 하나같이 주옥같이 아름답고 은혜로운 이야기들이어서 제가 '언어의 연금술사'라고 감탄할 정도였습니다. 그렇게 아름다운 언어를 사용하여 다른 사람들을 위로하고 세울 수 있는 이유는 끊임없이 좋은 책들을 읽고 기도하시기 때문이라는 것을 곁에서 지켜보면서 알 수 있었습니다.

사도 바울이 로마서를 쓰던 시절에 겐그리아 교회에 뵈뵈 자매님이 계셨다면, 2021년의 뵈뵈 자매님은 바로 유영윤 집사님이 아닐까 하는 칭찬을 드리고 싶을 정도로 섬김의 귀한 삶을 사시는 유영윤 집사님의 비밀은, 늘 기도의 자리를 사모하는 모습에 있는 것 같습니다. 언제나 유영윤 집사님의 기도보다 더 좋은 것으로 주시는 하나님! 긍휼이 풍성하신 하나님 아버지를 날마다 찬양하며 기뻐하는 유영윤 집사님의 이야기를 찬양 올려 드린 후에 전해 드리겠습니다. 찬양은 "주가 일하시네" 입니다.

안녕하세요! 저는 일산 벧엘교회에서 하나님을 예배하며 섬기는 유영윤 집사입니다.
글로벌복음방송을 통해서 시부모님께 구원의 은혜를 베풀어 주신 하나님을 높일 수 있는 시간을 갖게 되어서 감사합니다. 저희 가정의 이야기가 가족 구원을 위해 눈물로 기도하고 계시는 분들에게 작으나마 위로와 소망이 되길 기도합니다.
저와 남편은 9년을 만났는데, 그 시간 동안 마치 만난 지 하루가 된 것처럼 열렬하게 연애를 하다 결혼했습니다. 남편의 부모님은 부여에서 평생 수박 농사를 지으며 성실하게 살아오신, 법 없이도 산다는 순박한 충청도 분들이셨습니다. 시부모님께서는 기독교식 결혼식에도 호의적이었습니다. 비록 제가 꿈꿔 왔던 믿음의 가정 간의 결혼은 아니었지만 연애 기간 동안 제가 출석하던 교회에 함께 다니면서 초등부 주일학교 교사로까지 봉사할 정도로 잘 따라 준 남편이었기에, 남편의 부모님도 남편처럼 제가 잘 이끌어 드리면 언젠가는 아들 며느리의 얼굴 봐서 못 이기는 척 교회도 출석하시고 영접하시리라는 기대가 있는, 막연하나마 소망이 있는 결혼이었습니다.

결혼 후에 두 살 터울로 세 자녀를 연이어 출산하고 양육하면서, 저의 결혼 생활도 이상과는 다른 현실에서의 부딪힘과 어려움들이 생겼습니다. 지치고 힘들 때마다 직접적인 도움의 손길을 주시지 못하고 오히려 부담만 되는 듯한 시부모님께 불평불만이 올라왔고, 어느 순간부터는 내가 믿지 않는 가정에 시집을 와서 이런가 하는 사탄의 참소까지 들려왔습니다. 돌아보면 그 시기에 시부모님을 전도하던 제 마음은 진정한 사랑에서 우러나온 전도라기보다는 내가 이렇게까지 헌신하고 이 가문에 와서 기여한 공로가 있으니 당신들은 내가 원하는 걸 해줘야 한다는 식의 보상심리가 가득한 마음의 전도였던 것 같습니다.

그렇게 저희 가정 하나도 추스르기 힘든 시기에, 엎친 데 덮친 격으로 평생 몸을 아끼지 않고 고된 농사일로 허리가 망가진 시어머니께서 디스크가 심해져 결국은 입원과 수술, 퇴원을 반복하시게 되었습니다. 다섯 살, 세 살, 한 살이라서 잠시도 눈을 뗄 수 없는 세 아이를 데리고 일산에서 서울 강남 병원까지 어머니를 간병하러 다니는 건 제게는 너무 힘든 일이었고, 지금 생각해도 현기증이 날 만큼 고생스러웠습니다.

몸이 아파지면 마음이 약해지게 되고 그러면 으레 복음을 받아들일 법도 한데, 모든 면에서 순수하고 부드러우신 시어머님은 복음에 대해서만은 심령이 참 강퍅하셨습니다. 시어머님의 존함이 '이옥문'이신데 그 이름처럼, 마치 지옥문처럼 철갑을 두른 듯 감옥문 같이 굳게 닫힌 마음을 보면서 참으로 답답하고 안쓰러웠습니다. 구원의 손길을 뻗침에도 잡지 못하는 그 고집스러움과 영적 불통이라는 장벽 앞에서 하는 간병이 저는 더욱 견디기 힘들었습니다. 교회에서 영접을 도와주시려고 여러 번 심방도 해주시고 사랑으로 수고해 주셨지만 어머니의 견고한 마음의 빗장은 좀처럼 풀어질 기미가 보이지 않았습니다.

"마음으로 믿어져야 믿지유. 저는 십자가가 무섭구만유." 매번 이렇게 말씀하는 어머니를 지켜보며 누구의 말처럼 임종의 순간에라도 영접하는 분이 있으니 그런 부스러기 은혜라도 주시길 기도하며 마음을 다잡던 저에게, 어느 날 우연히 펼친 성경책 사도행전 16장 27절 중에 "옥문들이 열린"이란 말씀이 눈에 들어왔습니다. 옥문이라는 단어가 마치 저의 시어머니와 동격인 듯 선명하게 제 마음에 들어왔고, 지금까지도 마치 영화의 한 장면인 듯 제 뇌리에 남아 있습니다. 옥문이 열리려면 어떻게 해야 좋을지 더욱더 간절히 어머니의 영혼 구원을 위해 기도하는 중에, 만약 나의 기도가 미약하다면 기도하는 분들의 힘이라도 빌려야 한다는 마음이 들었습니다. 그때 기독교 방송사의 한 아나운서가 '전파 선교사로 가입하는 건 미리 천국에 신발을 들여놓는 일이다'라고 했던 말이 생각났고, 어머니도 그렇게 될 것이라는 기대와 소망을 가지고 극동방송 전파 선교사에 시부모님 이름으로 전파 선교 후원을 하였습니다.

그렇게 힘겹지만 아내와 엄마 그리고 며느리의 역할을 크리스천답게 감당하며 살기 위해 애쓰는 저에게 하나님께서 주신 포상 휴가 같은 일이 생겼습니다. 남편이 중국 북경 정법대학이란 곳에 가서 1년간 중국 법 연수를 받을 기회를 얻으면서, 2012년 8월에서 2013년 8월까지 남편과 함께 아이 셋을 데리고 중국으로 가게 된 것입니다. 저희 가정이 북경으로 가게 되었을 때 평생 시골에서만 사신 시어머님은 연신 서운한 마음을 드러내어 "이제 내가 죽어도 못 오겠다" 하며 섭섭해하셨습니다.

그러나 그동안 어린 자녀 양육과 아픈 어머니 간병이라는 숨 가쁜 시간을 보내던 저에겐 잠시 숨을 돌릴 수 있는 여유가 있는, 쉬어가는 북경살이 1년이 되었고, 불철주야 일에 매진하며 달려왔던 남편에게는 그동안 자녀들에게 쏟아부어 주지 못했던 구멍 난 부성을 만회할 안식년과 같은 1년이 되었습니다. 그 1년은 우리 가족이 알콩달콩 사랑을 꽃피우는 행복한 시간을 만끽하며 돈독한 정을 쌓는 시간이 되었고, 가족 모두에게 좋은 힐링 타임이 되었습니다.

꿈만 같던 1년의 굵고 짧았던 북경 체류 기간을 뒤로 하고 한국에 다시 와서 뵌 시부모님은 어머니의 디스크로 인한 투병 생활에 힘들어하신 세월이 역력하게 드러나 더 빨리 늙으신 듯한 모습이어서 마음이 아팠습니다. 그러다 갑자기 30여 년간 각별하게 이웃사촌처럼 지내오신 앞집 분들과 땅 경계를 놓고 시비가 붙었고, 이 일이 좀처럼 화해 조율이 안 되어서 급기야는 앞집 아주머니가 저희 시댁을 법원에 고소하는 일까지 생겼습니다.

법원에서 날아온 소환장을 받고 정한 기일에 법원에 출두해야 하는 상황 앞에서, 시아버님은 이런 부조리한 상황이 용납이 안 되셨고 가해자 신분으로 조사차 법원에 출입한다는 것 자체가 치욕이고 불명예라 여기셔서 심한 스트레스를 받고 계셨습니다. 일제시대의 잘못된 측량 실수가 불러 온 황당하고 예기치 못한 이런 상황은 비단 저희 시댁만의 문제가 아니라 대부분의 시골에서 흔히 있는 일이었지만, 앞집 아주머니의 터무니없는 피해보상금 요구와 인신공격성 비방은 수위를 넘어 나날이 심해졌습니다.

급기야 시부모님은 그 사람들의 얼굴을 마주 대하기가 싫다며 막 중국에서 돌아와 한국 생활을 다시 시작한 저희 가정으로 피난을 오셨습니다. 자식에게 털끝만큼도 신세 안 지려는 시부모님의 성품으로 보면 저희 집에 와서 오랫동안 함께 지낸다는 것은 상상할 수도 없는 일이었습니다. 그런데도 저희 집으로 오는 것 말고는 어찌 할 도리가 없었던 시부모님께 사방으로 욱여쌈을 당하는 것 같은 절박한 그 상황이 얼마나 극심한 고통이었는지, 곁에서 모시면서 괴로워하는 모습을 보니 조금이나마 알 것 같았습니다. 그렇게 한국에 돌아오자마자 저는 다시 시부모님을 돌봐 드려야 하는 며느리의 자리로 돌아가게 되었습니다.

시부모님께서 저희 집으로 오셨다는 소식을 듣고, 저와 같은 교회를 섬기면서 제자훈련 동기로 친분이 두터웠던 집사님들께서 곧장 저희 집으로 달려왔습니다. 오랫동안 저희 시부모님의 영혼 구원을 위해 저와 함께 기도해 왔기 때문에 자신의 일처럼 나서서 위로해 드리려고 열 일을 제치고 달려와 주신 것입니다.

제 평생 잊지 못할 그날…

2013년 10월 8일에 집사님들이 준비해 오신 예배 순서에 따라 찬송가 471장 "주여 나의 병든 몸을"로 시작되는 찬송을 부르는데, 가만히 앉아 계시던 시어머님께서 갑자기 오랜 시간 병으로 고생하며 가슴 깊이 숨겨왔던 설움을 쏟아내듯이 대성통곡하며 서럽게 우셨습니다. 시어머님의 서러운 통곡이 잦아들고 나서, 마가복음 5장에 나와 있는 12년 동안 혈루증 앓던 여인이 고침 받음이란 말씀을 선포해 주셨습니다. 마지막 구절인 34절을 제가 읽게 되었습니다.

"예수께서 이르시되 딸아 네 믿음이 너를 구원하였으니 평안히 가라 네 병에서 놓여 건강할지어다." 아멘!

이 말씀이 우리 시어머님을 구원해 주겠다는 하나님의 응답이라는 사인을 마음 깊이 받아 저 역시 가슴이 뭉클하며 눈물이 쏟아져 나오는 것을 간신히 참느라 목이 메었습니다. 그 순간에 역사하신 하나님의 영에 감동되어서 그토록 강퍅하게 복음을 거절하시던 시어머님은 순한 양이 되어 영접기도까지 따라 하셨습니다. 하나님께서는 그날 우리가 예상하지 못했던 방법으로 시어머님의 예수 영접의 역사를 이뤄 주시면서, 그 누구보다 뜨겁게 중보해 왔던 제자반 집사님들과 함께 기뻐할 수 있도록 은혜를 베풀어 주셨습니다.

간절히 소망하던 구원의 영광스러운 장면을 목도한 날이 화요일이었는데, 이후 며칠을 보내고 드디어 주일이 되어 시부모님을 모시고 주일예배에 참석한 저희는 또 한번 감동으로 전율하였습니다. 성경 본문은 달랐지만 담임목사님께서 화요일에 집사님들이 선포하셨던 것과 같은 내용을, 마태복음에 있는 "혈루증 앓던 여인이 고침 받음"이라는 제목으로 구원의 말씀을 선포하셨기 때문입니다. 저희 가정의 영적 목자이신 담임목사님을 통해 다시 한번 하나님의 구원 계획을 확증해 주시는 하나님 아버지의 섬세한 사랑에 가슴 깊이 감사한 날이었습니다.

그날 이후, 척수신경자극수술이라는 신수술 기법을 통해 생체 내 전류 배터리를 삽입해 통증을 줄여 주는 치료로 시어머님의 고통을 덜어 드리는 좋은 일도 있었습니다. 앞집과의 분쟁이 3심으로까지 이어진 끝나지 않는 지루한 법정 공방 과정에서 시아버님이 수면장애와 불안장애에 시달리면서 정신병원에 입원까지 하는 어려움도 있었지만, 이 모든 과정 또한 하나님의 구원 계획 아래에서 화가 복으로 바뀌는 기적 같은 은혜를 경험하게 되는 시간이었습니다. 고난의 가시 때문에 시아버님은 더 기도하게 되셨고 하나님을 깊이 만나는 은혜를 경험하셨습니다. 차근차근 순차적으로 세례를 받고, 집사 직분을 받고, 70이 한참 넘으신 고령임에도 남성 시니어 구역 구역장으로 섬기게 되는 가문의 영광을 얻으셨습니다.

예수님을 믿으신 지 만 3년여 만에, 구역장 직분을 받고 그리도 좋아하셨던 시아버님은 며칠 뒤인 2018년 1월 2일 갑작스러운 뇌경색으로 쓰러지셨고, 5일간 사경을 헤매다가 안타깝게도 그해의 첫 주일인 1월 7일 밤에 하나님의 부르심을 받으셨습니다. 시아버님이 쓰러지고 뇌압에 못 이겨 부풀어 오르는 뇌를, 아버님의 의식이 없는 상태에서 두개골 절개 수술을 했습니다. 수술 예후도 좋았고 담당 의사 선생님의 '시일이 많이 걸리겠지만 의식은 돌아올 거다'

라는 말에 한가닥 희망을 걸고 '달리다굼'의 기적을 간절히 기다렸던 저로서는, 폐렴과 뇌압을 끝끝내 견디지 못하고 황망하게 소천하신 시아버님 김혁환 집사님을 그렇게 빨리 데리고 가신 하나님이 잠시나마 야속했습니다. 시아버님이 치료 받던 대전 병원에 계속 있다가 하필이면 옷도 갈아입고 필요한 것을 가지러 잠시 일산 집에 짬을 내어 다녀오는 사이에 돌아가셔서 임종도 지키지 못했기에, 제가 더욱 불효막심한 자식으로 여겨졌습니다.

시아버님께서는 돌아가시기 며칠 전 섬기던 교회의 송구영신 예배 때 말씀을 뽑았는데, 바로 신명기 1장 8절 말씀이었습니다.

"내가 너희의 조상 아브라함과 이삭과 야곱에게 맹세하여 그들과 그들의 후손에게 주리라 한 땅이 너희 앞에 있으니 들어가서 그 땅을 차지할지니라." 아멘!

나중에야 깨달은 것이지만, 아버님의 아름다운 노년의 순종에 대한 하나님의 선물은 아버님의 천국, 가나안 입성이었던 것 같습니다. 장례 입관예배 때 시아버님이 섬기시던 교회 목사님께서 십자가에 못 박히셨던 예수님의 좌편과 우편에 있던 강도 이야기를 들려주면서 '고인 김혁환 집사님이 인생에서 비록 예수 믿은 시간보다 예수 안 믿었던 시간이 더 길었지만, 노년에 참 신실하게 하나님을 섬기며 주변에 귀한 귀감으로 우리 믿는 자들에게 큰 교훈을 주셨다'며 이제는 육신의 장막을 벗고 예수님과 낙원에 계실 아버님을 깊이 애도해 주셨습니다.

또 시댁은 믿지 않는 가문이어서 많은 친척 분들도 예수님을 모르는 불신자인데, 가문의 장남인 시아버님의 장례식이 예수 그리스도를 증거하는 현장이 되어서 믿지 않는 분들의 마음에도 천국 소망과 말씀이 심기는 선교의 현장이 되게 하신 하나님께 감사의 눈물이 쏟아졌습니다.

눈이 무척 많이 내리던 몹시 추웠던 겨울 날, 하관예배를 드리던 모습이 지금도 생생합니다. 모인 우리 모두를 감싸 안는 듯한 눈부신 햇살을 맞으며 천국에 입성한 아버님을 걱정하지 말라는 듯, 찬란한 빛을 비춰 주시는 하나님의 큰 위로가 뜨겁게 전해졌습니다. 산을 내려오면서 제 입술에서는 "내 영혼에 햇빛 비치니 그 영광 찬란해 이 세상 어떤 빛보다 그 빛 더 빛나네"라는 찬양이 터져 나오며 시댁에 베풀어 주신 하나님의 한량 없는 구원의 은혜에 감격했습니다. 내 의가 아니라 하나님께서 부어 주신 사랑으로 이 모든 일을 감당할 수 있도록 중보기도로 응원해 주신 수많은 기도 동역자들께 저희 가정은 말할 수 없는 사랑의 빚, 기도의 빚을 졌습니다. 그 빚을 잊지 않고 평생 기억하며 미력하나마 저 역시 누군가를 위해 중보하며 깨어 기도할 것을, 기도의 빚을 진 자로서의 책임 있는 기도 또한 잊지 않고 살아갈 것을 이 시간 다시 한번 다짐해 봅니다.

저와 같이 믿지 않는 가족과 친척들을 위해 기도하는 분들이 낙심하지 않고 끝까지 선한 싸움을 싸우시기를 중보하겠습니다. 저희 가정에 역사하신, 살아 계신 하나님의 구원의 역사는 여러분의 가정에서도 계속될 것입니다. 힘내세요! 주님께서 이루십니다! 감사합니다.

9.
나는 너를 잊지 아니하리라

- 북한 선교 특집

"여호와는 나의 목자 아쉬울 것 없어라. 푸른 풀밭에 누워 놀게 하시고 물가로 이끌어 쉬게 하시니 지쳤던 이 몸에 생기가 넘친다."

우리에게 친숙한 시편 23편 말씀을 조선어 성경 버전으로 낭송해 주신 바울 형제님은, 탈북하여 한국에 오신 후에 선교 훈련을 마치고 신학교에서 공부하고 계시는 신실한 형제입니다. 온갖 고난과 아픔 가운데에서 예수님을 만난 바울 형제님이 시편 23편의 고백을 하시기까지의 삶이 형제님의 목소리를 통해서 전해져 오는 것 같습니다.

복음의 자유가 없는 북한에 대한 안타까움 때문에 북한에 예수님의 사랑을 전하기 위해 헌신하게 된 탈북 선교사님들이 많이 계십니다. 이분들에게 북한은 부모님과 형제, 자매, 일가친척과 친구들이 있는 땅이기에, 자유롭게 북한 땅으로 부모 형제를 만나러 갈 수 있고, 또한 함께 큰 소리로 하나님을 찬양하고 예배하는 그날이 속히 오기를 손꼽아 기다리는 것은 당연한 일일 것입니다.

그 날을 위해, 하나님께 기도하며 여러 가지 방법으로 북한에 복음을 전하는 노력을 쉬지 않으시는 탈북 선교사님들께서 함께 부르신 "이 시간도 북한으로"를 함께 찬양한 후에, 북한 선교에 대한 이야기를 더 나누도록 하겠습니다.

1953년 한국전쟁이 끝난 후에 북한에는 약 15만 명 정도의 기독교인들이 남아 있었고, 지금 비밀리에 신앙생활 하고 있는 기독교인들은 약 30만 명 정도로 추정하고 있습니다. 그중에서 약 5~8만 명의 기독교인이 수용소에서 핍박을 받고 있을 것으로 생각한다고 합니다.

2002년 이후 20년 가까이 세계 기독교 박해 지수 1위의 자리를 유지하면서 그 지수가 해마다 지속적으로 상승하고 있는 북한. 핍박과 가난을 견디다 못해 북한을 탈출하고자 하는 사람들이 점점 늘어나고 있다고 하는데요. 안타깝게도 강을 건너서 중국으로 가다가 사살되거나 잡혀서 수용소로 보내지는 일들이 계속되고 있습니다.

다행히 중국으로 탈출하는 데까지는 성공하더라고 중국 공안들에게 잡혀서 북송될까 봐 불안에 떨며 숨죽이고 살면서 한국이나 미국 등 자유를 누릴 수 있는 나라로 갈 수 있게 되기를 간절히 기다리는 분들이 많이 있습니다. 불안한 마음으로 어떻게 해야 할지 모르는 그들에게는, 마음에 진정한 평안과 자유를 주는 복음을 전해 주고 육신의 안전을 보장받을 수 있는 안전한 나라로 가도록 길을 열어 주는 사역을 하는 선교사님들을 만나는 것보다 큰 축복은 없을 것입니다.

  그러나 탈북민들을 돕기 위해서 중국에서 사역하는 선교사님들의 안전도 보장되지 않기에 위험에 노출되어 있는 것은 탈북민들과 크게 다를 바가 없습니다. 탈북민을 돕다가 체포되면 감옥에 갇히고 견디기 힘든 고문을 당하는 고통을 겪게 되므로 사명감 없이는 할 수 없는 사역일 것입니다.

  탈북민 아이들을 위한 대안 학교인 한벗학교의 대표이신 다니엘 박 선교사님도 탈북민을 돕다가 감옥에 갇히고 추방당하는 일을 반복해서 겪으셨습니다. 다니엘 선교사님의 저서 《꽃제비들의 아바 아버지》를 읽어 보면, 탈북민들을 돕는 것이 얼마나 마음을 졸이고 숨 막히는 순간들을 겪어야 하는 일인지, 감옥 안에서의 시간들이 얼마나 고통스러운지를 조금이나마 알 수 있습니다.

  그러나 다니엘 선교사님은 책을 통해서 그 고통을 설명하는 데 집중하신 것이 아니라, 그 암흑 같고 소망 없을 것 같은 고통스러운 감옥 안에서도 복음이 전해지고 영혼 구원이 일어나는 감동적인 순간들을 이야기합니다. 목숨 걸고 탈북한 북한 사람들은 선교사님들을 만나서 복음을 받아들이고 따뜻한 보살핌을 받으면서 예수님의 사랑을 깊이 알게 되면, 예수님의 그 사랑에 감격합니다. 그리고 그 사랑을 전하기 위해서 도망쳐 나온 북한 땅으로 다시 들어가는 분들이 있음을 우리에게 소개하고 있습니다. 부모에게 버림받고 구걸하며 비참하게 살아가던 꽃제비라고 불리는 북한 아이들이 선교사님들을 만나 예수님의 사랑을 알게 되면서 치유되고 성숙한 신앙인이 되어 가는 모습을 또한 비중 있게 다루면서, 비록 큰 결단과 헌신이 필요한 사역이지만 탈북민들을 돕는 사역이 계속되어야 함을 선교사님의 경험을 통해서 진솔하게 세상에 알리고 있는 책 《꽃제비들의 아바 아버지》를 꼭 읽어 보시길 추천드립니다.

 탈북민 아이들을 돌보느라 정작 선교사님의 아들이 '자반증'이라는 원인 불명의 병으로 고통받고 있는데도 병실을 지키지 못하고 학교 일을 처리하러 갔다가 병원에서 급하게 온 전화를 받고 마음이 무너져 내렸을 때, 하나님께서 다니엘 선교사님께 하신 말씀을 기록해 놓은 부분을 읽어 드리겠습니다.

> 하루는 학교 일이 급해 병원에서 부리나케 나왔는데, 학교에 도착하자마자 간호사의 전화를 받았다. 갈렙이가 울고 있으니 빨리 병원으로 돌아오라는 것이었다.
> "여보세요?"
> "아빠! 아빠! 흐엉…."
> 다급하게 나를 찾는 아이의 목소리였다. 그 순간, 내 아들도 제대로 돌보지 못하면서 내가 무슨 짓을 하고 있나? 하는 생각이 들었다. 내가 겪는 고통이나 아픔은 어떻게든 버텨 왔지만, 아이가 아픈데 곁에 있어 주지 못하는 것에 대한 안타까움이란 말로 다 표현할 길이 없었다. 그동안 나 자신과 열악한 환경에 대한 불평불만을 하나님 앞에서 겨우겨우 억누르고 있었지만, 이제는 점차 화가 치밀어 올랐다.
> 그런데 지친 몸을 이끌고 갈렙이를 돌보러 병원으로 가는 길에 마음속에서 주님의 세미한 음성이 들려왔다.
> "그래도 갈렙이는 아버지가 있지 않니?"
> 아버지…. 내가 돌보아야 할 아이들. 아버지의 보살핌과 사랑을 한

참 받아야 할 어린 나이에, 나라와 고향을 떠나 머나먼 이곳까지 떠밀리듯이 흘러들어온 이 아이들에게는 어리광이나 투정을 부릴 아버지가 없었다. 내 시선은 본능적으로 아픈 내 아이 한 명에게만 향하고 있었지만, 그 순간에 하나님 아버지의 시선은 사랑을 갈구하는 이곳의 모든 아이를 향하여 있었다. 그리고 나는 그런 하나님의 마음으로 이 사역을 시작하지 않았던가?

주님의 세밀한 음성을 들은 후로 나는 다시는 아이들을 돌보는 일에 투정을 부리지 않고 할 수 있는 한 최선을 다하여 한벗학교를 섬겼다.

"여인이 어찌 그 젖 먹는 자식을 잊겠으며 자기 태에서 난 아들을 긍휼히 여기지 않겠느냐 그들은 혹시 잊을지라도 나는 너를 잊지 아니할 것이라"(사 49:15).

하나님의 자녀를 절대 잊지 아니하시고 돌보시는 하나님 아버지의 세밀한 음성에 순종하시고 충성되이 섬기시는 다니엘 선교사님께 존경과 감사의 마음을 전하며, 한벗학교 사역을 위해 기도하겠습니다. 찬양 드립니다. "나는 너를 잊지 아니할 것이라"는 찬양입니다.

분단 국가가 된 지 70여 년의 세월이 흐르면서, 남과 북이 갈라져 있는 지금의 상황을 당연한 일처럼 받아들이고 통일에 대한 바람이 없는 젊은 세대들이 점점 늘어가고 있다고 합니다. 최근에 약 200여 명의 청소년들이 모인 세미나에서 통일이 되길 바라는 사람이 있다면 손을 들어 보라고 했더니, 한 명도 손을 들지 않았다고 합니다.

통일에 대한 준비가 없는 상태로 통일을 맞이하게 될 수도 있다는 것을 간과해서는 안 됩니다. 역사는 예측할 수 없는 방향으로 흘러가는 경우가 셀 수 없이 많기 때문입니다.

독립운동가인 고 함석헌 선생님은 "해방이 도둑같이 왔다"라고 했습니다. 그 당시 조선에 있던 대부분의 지식층들은 일제가 패망의 기로에 서 있다는 것을 모르고 있었고, 해방 후에 어떻게 나라를 이끌어 가야 할지에 대한 준비를 전혀 하지 못했기 때문에, 결국 준비 없이 맞이한 해방은 민족의 분열로 이어졌고, 분열은 다시 국토의 분단으로, 국토의 분단은 결국 동족 상잔의 비극인 한국전쟁으로 이어져 왔다는 것입니다.

만약 대비하지 못한 채로 통일의 날이 온다면, 도둑같이 온 해방보다 더 심각한 사회 문제가 발생할 수도 있기 때문에 우리는 통일 이후를 철저히 준비해야 할 것입니다. 특히 복음 통일을 소망하고 있는 우리 기독교인들은, 통일 후에 이단들이 먼저 북한의 영혼들을 꾀어 멸망의 길로 끌고 가기 전에 진리 앞에 온전히 서 있는 강한 믿음의 용사들을 양육하여 북한의 영혼들을 주님께로 돌이키도록 힘써 준비해야 할 것입니다.

세계 각국에서 이러한 마음으로 북한을 위해 기도하고 선교하고 있는 많은 모임과 단체, 교회들의 소식을 들으면 그 날을 위해 일하시는 하나님께 감사를 드리게 됩니다. 이곳 버지니아에서도 북한을 위한 정기 기도 모임들과 북한을 위한 사역을 하는 선교사님들을 돕는 개인과 단체들이 많이 있습니다. 거의 모든 교회마다 북한을 위한 기도 모임을 따로 마련하여 정기적으로 기도하고 있고, 지역 연합으로 북한에 진리의 복음을 전하기를 소망하는 '통곡 기도회'를 하기도 하였습니다.

　각기 다른 교단에서 다른 교회들을 섬기지만 하나님 안에서 한 마음으로 열방을 품고 기도하는 분들의 모임인 워싱턴연합중보기도회에서는, 리더인 조이 집사님과 북한 선교에 뜻을 함께하는 분들이 '민들레 기도회'를 만들어서 한 달에 한 번 정기적으로 북한을 위하여 기도하는 것과 함께 헌금을 모아서 북한을 위해 사역하는 선교사님을 후원하고 있습니다. 민들레 기도회의 멤버들이 미국에서 한국으로 이사를 가게 되자 한국에서도 민들레 기도회 정기 모임을 계속하는 등, 북한을 위한 기도와 선교 후원 사역은 계속해서 확장되어 가고 있습니다.

　이렇게 하나님의 음성에 순종하여서 억눌리고 갇힌 북한의 동포들을 가슴으로 품고 기도하는 성도 한 분 한 분이 눈물로 올려 드린 기도대로 북한이 주체사상을 버리고 우상 숭배를 멈추며, 예수 그리스도 앞에 무릎 꿇고 경배하는 날이 머지않아 올 것을 믿습니다. 우리가 고대하는 그날, 통일의 날이 올 것을 대비하여서 체계적인 교육을 하는 일도 우리가 준비해야 할 중요한 일임을 아는 선교단체들이 여러 가지 세미나와 교육을 하고 있습니다.

　버지니아에서도 지난 가을부터 워싱턴북한 선교회 산하의 '디아스포라 통일 아카데미'가 시작되었습니다. 디아스포라 통일 아카데미는 남북한의 통일이 언제 이루어질지는 알 수 없지만, 미리 준비하지 않으면 통일이 이루어졌을 때 감당하기 어려울 것이라는 전제 아래, 그 준비는 빠를수록 좋다는 생각에 함께하는 목사님들과 교수님들이 뜻을 모아서 2년 동안 4학기의 과정으로 2020년 가을학기에 첫 강의가 시작되었습니다. 디아스포라 통일 아카데미는 지금 당장 북한에 들어갈 수는 없더라도 장래에 북한에 직접 들어갈 수 있게 되었을 때를 대비하여 선교사를 양성하고, 중국이나 다른 지역을 통해서라도 직접 혹은 간접적으로 북한 주민과 탈북민들에게 복음을 전할 선교사들을 양성하고 파송하고 후원하며, 학문적으로도 정식 학위를 인정받을 수 있도록 발전해 나가는 것을 목표로 하고 있습니다.

지난 학기에는 배현수 박사님이 '기독교 세계관'을 강의하셨고, '통일학 개론'에는 이수봉 박사님, '북한 언어와 생활'은 최영일 박사님이 강의하셨습니다. 북한 선교에 대한 열정을 품고 온 사명자들이 먼저 하나님의 눈으로 세상을 바라볼 수 있도록 교육하고, 북한에 대한 정확한 이해와 탄탄한 학문적 바탕이 생겨서 어떤 난관이 닥치더라고 흔들림 없이 사역을 계속할 수 있는 선교사로서의 자질을 갖추도록 심혈을 기울인 과정이라고 합니다.

2021년 3월 중순에 시작되어서 5월까지 진행될 봄학기에는 '독일 통일이 남북한 통일에 주는 교훈과 전망', '한국 초대교회 선교 역사', '복음 통일과 마음 세움' 등의 과목들을 배우게 되는데요, 워싱턴북한 선교회 이사장 신덕수 목사님과 총신대학교 역사신학 교수 조만준 박사님, 그리고 국립 한국교통대학원 외래교수 오은경 박사님이 강의할 예정입니다. 또한, 지난 1월에는 '북한 선교의 이해와 실제'라는 제목으로 강디모데 전도사님을 모시고 세미나를 진행하여서 지역에 계신 많은 분들이 북한 선교에 대한 교육을 받을 기회를 제공하기도 했습니다.

이렇게 기도 모임이나 교육과 세미나, 물질 후원 등 다양한 방법으로 북한 선교를 위해 헌신하시는 모든 분들께 깊은 감사를 드립니다.

하나님으로부터 이 땅에 보내심을 받은 예수님을 통해서 우리가 구원의 은혜를 입은 것같이, 예수님의 영을 받은 우리가 하나님께서 가라 하시는 땅에 보내심을 받아서 그 땅에 구원의 역사가 일어나도록 복음을 전할 때, 더 이상 아무도 소리 내어 예배하지 못하는 황무한 땅이 아니라 하나님을 찬양하는 소리로 아침을 깨우는 축복의 땅으로 변할 것을 소망함으로 바라보며….

그중에서도 가장 척박한 땅 북한을 위한 기도를 함께 올려 드리고 싶습니다. 북한을 위해 긴 세월 기도하고 중국의 지하 교회들을 든든히 세우기 위해 매년 중국으로 향한 교수님께서 간절한 소망을 담아 기도를 드릴 때에, 우리도 한마음으로 기도 드리면 좋겠습니다. 기도 올립니다. 그리고 찬양합니다. "아무도 예배하지 않는 그곳에서 주를 예배하리라."

오늘 방송은 북한의 어린이들을 위한 사역의 장자로 사용하여 주시기를 서원하고 변함없이 북한의 어린이들을 위해 기도하시는 서연희 사모님으로부터 다니엘 박 선교사님의 책에 대한 이야기를 듣고 기도하는 중에 기획하였습니다. 이 방송을 기획하면서 사모님과 자주 대화를 나누었는데요, 한번은 최근에 꾼 꿈 이야기를 해주셨습니다.

다니엘 선교사님 부부로부터 안수 기도를 받는 꿈이었습니다. 안수기도를 받을 때 사모님의 등에서는 빨간 불이 솟아나 활활 타오르는데 뜨겁지 않았고, 사모님의 가슴으로부터는 십자가가 나왔는데 그 십자가는 예쁜 핑크색이었다고 합니다.

핑크빛 십자가를 계속 생각하다 보니 우리가 애써 북한을 생각할 때 핍박 속에서 붉은 피를 흘리는 그들의 고통이 너무 크게 보여서 피하고 싶은 마음이 드는 것은 아닌지, 또 그 고통을 함께 짊어지고 가면서 우리마저 고통스럽게 되는 것은 아닐까 하는 두려움에 부담스러운 마음을 가지게 되는 것은 아닌지 생각해 보았습니다.

생각이 계속되면서 나름대로 정리되기 시작했는데, 먼저는 북한의 고통과 아픔 또한 그들에게 하나님께서 허락하신 것이고, 그들을 치료하고 싸매며 회복하실 분도 하나님이시니, 우리에게는 북한의 한 영혼을 그저 한 형제자매로 사랑하기만 하라고 핑크빛 십자가를 보여 주신 것 같다는 마음이 들었습니다.

서연희 사모님은 고통받는 북한 아이들이 불쌍하고 안타까워서 눈물 흘리며 간절히 기도하던 시간, 가슴이 찢겨 나가는 듯한 아픔으로 함께한 피 흘림의 붉은 십자가의 사랑의 시기를 지나서, 이제는 북한의 영혼을 생각할 때마다 예수님의 사랑을 함께 받는 형제자매의 사랑을 느끼는 핑크빛 십자가의 사랑, 마음에 부담을 가지고 섬기는 것이 아니라, 불쌍해서 돕는 것이 아니라, 정말 그 영혼들을 사랑해서, 그 사랑을 표현할 수밖에 없어서 시간과 물질과 기도를 전하게 되는 핑크빛 사랑…. 그런 사랑을 하고 있다는 뜻은 아닐까 하는 해석으로 혼자 결론을 지었습니다.

제가 꾼 꿈도 아니라서 제 해석이 맞다고 할 수도 없고, 감히 "하나님 아버지의 마음이 이렇습니다"라고 말할 수는 없지만, 분명히 말할 수 있는 것은, 하나님께서 역사의 주인이시고 이 시간도 온 열방의 주인이시기에 북한을 향한 계획도 하나님 아버지는 가지고 계신다는 것입니다. 그리고 저와 애청자 여러분이 북한을 위해 기도하는 한, 그리고 북한 지하 교인들의 간구하는 기도가 계속되는 한 언젠가는 반드시 회복시키실 것이라는 사실입니다. 북한을 회복시키는 하나님의 일에 함께 동역하자고 부르시는 하나님의 음성이 들린다면, 그것이 어떤 모습으로의 부르심이든 순종하며 주님을 따르는 우리가 되길 소망합니다.

프레션

평생을 오직 기도함으로 하나님의 뜻에 따라 사역하심으로 워싱턴중앙장로교회를 이 지역 최대의 건강한 한인 교회로 부흥시키신 고 이원상 목사님께서 기도 운동의 중추적인 역할을 감당하도록 설립하신 '프레션'에서, 북한과 열방을 위한 기도를 릴레이 형식으로 매일 유튜브에 올리고 있습니다. 그 기도문들은 아침마다 전 세계 각국의 기도하는 분들에게 전달되어서, 전 세계에 흩어져 있는 형제자매님들이 한마음으로 열방을 섬기는 기도의 모습을 통해서 하나님께 영광을 돌리고 있습니다.

고 이원상 목사님은 모든 성도들 가정의 아이들의 이름까지 정확히 기억하셔서, 아이들을 만났을 때 그 이름을 부르면서 기도를 해주실 정도로 사랑이 많아 작은 예수라는 존경을 한 몸에 받으셨습니다. 그뿐만 아니라 예수님의 지상명령인 선교의 발판이 되는 미주 최초의 한인 선교단체인 '씨드 선교회'를 설립하여 전 세계에 선교사들을 파송하는 단체로 성장시키셨는데요.

30여 년간 이원상 목사님을 가까이에서 모시며 멘토로 삼고 그 사명을 이어받아 씨드 선교회의 대표로서 세계 선교를 위해 헌신하는 박신욱 선교사님께서는 청년 선교사들을 집중적으로 훈련시켜서 재림의 때에 앞장설 리더들로 세워지도록 공동체 사역을 하는 것과 함께, 글로벌복음방송에서 북한 선교 방송을 매일 들을 수 있도록 함으로써 통일을 대비한 교육이 지속성을 가지고 이루어지도록 사역하고 계십니다.

10.
아버지와 아들

― 지순철 / 지전파

제가 살고 있는 버지니아는 한국과 같이 4계절이 있는 아름다운 지역입니다.

만물이 소생하는 계절, 3월답게 곳곳에 꽃들이 피기 시작했습니다. 두꺼운 겨울옷을 벗고, 고운 빛깔의 봄옷을 입은 모습들이 여기저기에서 보입니다. 아직 꽃샘추위가 남아 있긴 하지만, 봄햇살은 이미 얼어 있던 땅을 녹이기 시작했습니다.

3월 20일이 되면 낮의 길이가 밤의 길이보다 길어지는 춘분입니다. 이 춘분이 우리 크리스천들에게 가장 중요한 절기인 부활절의 기준이 된다는 것을 알고 계신지요? 기독교를 박해하던 로마제국은 콘스탄티누스 1세 황제가 313년에 기독교를 공인하고, 325년에는 니케아 공의회를 열어 교회 제도와 교리를 정비하기까지 했습니다. 공의회에서는 그동안 논쟁이 됐던 부활절 날짜를 '춘분이 지난 후 첫 번째 보름달이 뜬 후 첫 번째 일요일'로 결정했습니다. 그에 따르면 2021년에는 춘분이 3월 20일이고 부활절은 4월 4일이 됩니다.

   지금은 사순절 기간입니다. 우리를 위해 고난 받으신 그리스도의 사랑을 기억하고 예수님의 가르침대로 자신에 대한 회개뿐만 아니라 불우한 이웃의 배고픔과 가난을 생각하여 구제하고 베풀어야 하는 때입니다. 하나님의 나라는 말에 있는 것이 아니라 그 말의 실천에 있음을 기억하며, 30여 년을 불우한 청소년들을 돌보아 오신 사역자를 소개합니다. 인형극을 가지고 소외된 곳들을 찾아가서 위로하는 사역을 해오신 지순철 목사님과 아드님인 지전파 전도사님께서 함께 걸어가는 사명자의 길, 그리고 아름답고도 가슴 먹먹해지는 아버지와 아들의 사랑과 아픔, 치유와 회복 그리고 소망의 이야기를 전해 드리고 싶습니다.

> 아버지가 아들에게!
> 자랑스러운 아들, 전파야! 아니 전파 전도사님!
> 이제 20대 중반을 넘어선 어엿한 어른으로 사역자로 성장한 나의 하나밖에 없는 아들 전파!
> 먼저, 너를 내 아들로 세상에 보내 주신 하나님께 감사를 올려 드리고, 이렇게 멋진 아들로, 사역자로, 나의 든든한 동역자이기도 한 아들에게도 고마운 마음을 전하고 싶다.
> 아빠는 고등학교 2학년 때 목회자가 되겠다고 하나님 앞에 서원하고 나서, 결혼할 여자도 없고 자식도 없었을 때지만, 자식을 낳으면 하나님께서 제일 기뻐하시는 일, 복음 전파의 사명을 평생 잊지

않고 하겠다는 마음을 담아서, 아들이든지 딸이든지 상관하지 않고 첫 아이는 복음, 둘째 아이는 전파라고 이름을 짓겠다고 결심했어. 그 약속대로 너의 누나의 이름을 복음이라고 지었고, 너의 이름을 전파라고 지었다.

너의 이름을 전파라고 지으려던 당시에는 지존파라는 아주 흉악한 범죄 조직이 신문과 방송에 오르내릴 때였어. 사람들은 너의 성이 지씨이기 때문에, 지전파라고 지으면 지존파가 생각나서 좋지 않고 놀림을 받을 거라고, 다른 이름으로 지으라고 아버지를 만류했었다. 그러나 이미 하나님 앞에서 복음 전파로 짓겠다고 결정한 나의 마음을 바꿀 수는 없었지…. 너는 지전파로 호적에 올랐다. 아니나 다를까 학교에 다니면서 너는 이름 때문에 학년이 바뀔 때마다 수도 없이 놀림을 받았고 괴로운 시간을 보냈지만, 마침내 너의 인생 좌우명을 "이름값을 하자"로 정하고 복음 전파의 사명자로 살겠다고 선포하는 모습을 보았을 때, 이 아빠는 가슴이 뭉클하고 대견하고 든든하고 말로 다 표현 할 수 없는 감격을 맛보았다.

나의 아들, 전파 전도사!

너는 어려서부터 아빠를 따라다니면서 길거리에서 인형극을 보러 오라고 전도하고 다녔단다. 네 살 때는 앞에 나와서 찬양하고 싶은 사람 손 들어 보라고 하는 목사님의 말씀에, 번쩍 손을 들고 앞에 나와서 씩씩하게 찬양하고 나서 목사가 되겠다고 하기도 했단다. 너의 귀엽고 사랑스러운 모습이 아직도 눈에 선하다.

일곱 살 때는 인형극을 배우러 온 아빠 후배 목사에게, 바쁜 아빠 대신에 인형극 하는 방법을 가르쳐 주는데 아빠보다도 더 잘 가르쳐 주는 모습에 깜짝 놀랐다. 그렇게 너는 인형극도 음악도 제대로 배우지 못하고 어깨너머로 배웠지만 못 다루는 악기가 없어서, 아빠가 사역하는 작은 미자립 교회에서 피아노 반주자로 든든한 동역자가 되어 주었고, 아빠가 돌보아 주는 불우한 청소년들을 챙기는 일도 너의 도움이 정말 컸다. 기억나니? 술 먹고 자살하겠다는 고등학생 남자아이를 아빠는 설득할 수 없었는데, 전파가 가서 달래고 설득해서 무사히 집으로 돌려보냈던 일을 아빠는 평생 잊지 못할 것 같다. 인형극도 30년 베테랑인 아빠를 뛰어넘는 실력이 되어 가는 너를 보면서 이 아빠는 하나님 앞에 감사를 드린다.

쓰러져 가는 가정집을 개조한 미자립 개척 교회에서 90세가 넘은 치매 할아버지와 정신지체 3급인 외삼촌, 그리고 마음이 많이 아파서 감정의 기복이 심한 누나와, 집 나온 가출 청소년들 사이에서 뒹굴며, 한참 멋 부릴 나이에 씻지 않는 애들한테서 이가 옮아서 고통받고, 쇠라도 녹여 먹을 한참 먹고 클 나이에 라면조차 혼자 다 먹지 못하고 나누어 먹어야 했던 너. 공부방은커녕 잠잘 방 하나 없이 학창 시절을 보내는 너를 보면서, 이 아빠 때문에 몸고생 맘고생 하는 너를 보면서 아빠는 많이 울었다. 전파가 강대상 십자가 밑에서 잠든 모습을 보는 아빠의 마음은 아마 하나님만이 헤아려 주실 수 있을 만큼, 말로 표현할 수 없는 감정들이 교차했고, 아직도 아비로서 미안한 마음이 사무친다.

치매에 걸린 아버지를 모셔야 했고, 불우한 청소년들을 돌보는 사명을 받은 아빠는 항상 가난했고, 전국 방방곡곡 어디라도 인형극을 통해서 전도하길 원하는 교회라면 달려가야 했던 아빠는 아들 곁에서 아들의 필요를 채워 주는 아빠가 되지 못했다. 내가 하나님의 일을 하면 하나님께서 내 일을 해 주시겠지, 내가 아무도 돌보지 않는 청소년들을 돌보면 하나님께서 내 자식들을 돌봐 주시겠지 하는 믿음으로 아빠는 아빠의 부르심을 따라 우직스럽게 달려왔고, 헌신적이고 사랑이 많은 진짜 목사란 칭찬을 듣기도 하고 기독교 방송들에서도 앞다투어 아버지의 이야기를 방송해 주기도 했다.

결과적으로 하나님께서 오늘의 지전파 전도사로 멋지게 성장시켜 주셨지만, 지금 돌이켜 보면 이 아버지가 조금만 더 지혜로웠더라면, 조금만 더 너의 이야기를 들어 주었더라면, 조금만 더 너의 입장을 먼저 생각해 주었더라면 하는 가슴이 미어지는 후회가 드는 것은 어쩔 수 없구나. 아버지가 미안하다…. 전파 전도사! 내 아들! 이런 아버지라도 항상 건강을 염려해 주고, 힘든 일 하지 말라고 하고, 내가 벌여 놓은 일들을 바쁘고 힘든 중에도 처리해 주는 든든한 내 아들! 고맙다!

이제 너를 낳아 준 육신의 아버지인 내가 아니라, 너의 참 아버지이신 하나님 아버지 앞에서 아들 지전파로서 전도사의 비전과 사명을 이루어 가는 모습이 대견하고 멋지다! 예수 그리스도의 재림의 세대에 리더로 우뚝 설 강한 용사인 지전파 전도사의 삶에 새 일을 행하시는 하나님 아버지를 찬양한다.

아들! 전파 전도사!

세계 열방에 예수 그리스도의 깃발을 들고 나가 전파하는 전파 선교사!

그 꿈은 하나님께서 반드시 이루어 주실 것을 믿고 예수님의 얼굴만 구하며 믿음으로 살아내 주기를 축복하네!

찬양은 "하나님의 얼굴을 구하는 세대" 입니다.

아들이 아버지에게.

어렸을 때는 짱구 인형과 예수님 인형, 마귀 인형을 가지고, 천국과 지옥 이야기를 실감 나게 해주시는 아버지가 좋았습니다.

제가 세 살 때, 엄마는 누나가 폐렴에 걸려서 병원에 데리고 가서 안 계셨고, 저는 인형극을 하러 가시는 아버지를 따라서 한 교회에 갔습니다. 아버지가 인형극을 하셔야 했기 때문에 저는 낯선 교인 분에게 맡겨졌고, 어린 마음에 아버지에게 가고 싶어서 아버지를 부르며 엉엉 울었던 기억이 납니다. 그때 기억이 잊히지 않고 지금까지 생생한 것은, 아마 그날이 제가 아버지가 곁에 계셨음에도 불구하고 그리워하기 시작한 첫날이었기 때문이 아닐까 싶습니다.

아버지가 큰북, 작은북을 메고 이 동네 저 동네 전도하러 다닐 때도, 저는 아빠를 따라서 작은 북을 치며 전도지를 나누어 주었습니다. 그렇게 전도지를 나눠 주다가 길을 잃었는데 아버지는 인형극을 하러 갈 시간이어서 저를 찾지 않고 교회로 가셨고, 울고 있는 저를 발견한 형들이 마침 그 인형극을 보러 가는 중이어서 저를 데려다 주었던 기억도 납니다.

그래서 아버지니까 저를 사랑신다는 것은 알았지만, 제 마음 깊은 곳에는 아버지는 항상 저보다 하나님 일이 먼저고 저는 다음이라는 마음이 어려서부터 자리 잡았고, 그럴수록 아버지 맘에 들고 싶었고 더 가까이 있고 싶었던 것 같습니다.

전국 어디나, 울릉도에 있는 작은 교회에까지도 아버지 돈을 다 털어서 인형극을 하러 가며, 저도 자주 데리고 다니시는 아버지를 자랑스럽게 생각했습니다. 중증 장애인들이 있는 곳, 고아들이 있는 곳, 노인들이 요양하고 계신 곳 등등 사회적인 취약 계층이 있는 곳에는 아버지의 인형극이 어김없이 들어갔습니다. 그런 아버지의 모습을 보고 자라서일까요? 저도 어느새 신학과 함께 사회복지학을 공부하게 되었습니다.

아버지가 치매 걸린 할아버지를 모시고 와서 같이 살아야 한다고, 잘 다니던 안정된 교회를 사임하고 고양시에 있는 쓰러져 가는 집으로 이사하여 가정집을 개조해서 긴 의자 5개를 놓고 교회를 개척하셨을 때, 저는 아직 초등학생이었지만 교회 반주자가 되었습니다. 처음엔 한 손으로 피아노를 치고, 다음에는 두 손으로 치게 되고, 그렇게 혼자서 독학하면서 피아노 반주자가 되었습니다. 제가 하나님을 직접 만난 것도 아닌 초등학생이었지만, 아버지를 존경하고 사랑하니까 아버지를 위해서 하고 싶었습니다. 그리고 언제나 저를 끔찍하게도 아껴 주시는 사랑 넘치시는 어머니를 기쁘시게 해 드리고 싶어서 다른 악기들도 더 연습하고, 뭐든지 돕고 싶었습니다.

어머니가 너무 고생을 많이 하시는 모습이 마음이 아팠습니다. 어느 날엔가 아버지는 인형극을 하러 나가셨고, 가출 청소년들을 돌보는 일과 치매 할아버지, 거기에 정신지체인 외삼촌에, 우울증이 심해진 누나까지 다 돌보다 지친 어머니가 통곡을 하면서 하나님께 힘들다고 하시던 모습을 보았습니다. 그런 어머니의 모습을 보니 고집스럽게 한 길만 달려가면서 가족들은 항상 뒷전인 듯한 아버지가 원망스러워지려고 했지만, 저도 어려서부터 하나님이 제일 우선이라는 교육을 받고 자랐기 때문에 아버지 원망은 하지 않으려고 했습니다.

그런데, 제가 아버지에게 정말 섭섭한 마음을 가지게 된 사건이 터졌습니다. 아버지께서 가출 청소년들 찾으러 다니다가 너무 무리를 하는 바람에 이마에 대상포진이 와서 명지병원에 입원하셨을 때의 일입니다. 아버지가 걱정되어서 기도하다가 잠이 오지 않아서, 새벽에 자전거를 타고 아버지가 계신 병원으로 갔습니다. 이미 버스는 끊긴 시간이었고 택시를 불러서 탈 돈도 당연히 없는 저는 자전거를 타고 1시간 반이 걸리는 밤길을 오직 아버지 얼굴 보고 싶어서 달려갔습니다.

새벽이라 병실 불은 꺼져 있었고 아버지는 잠이 들어 계신 것 같았습니다. 저는 아버지를 깨우지 않고 기도만 하고 오려고 기도하는데, 아버지가 잠에서 깨셨는지 "지원이니?" 하고 저를 부르셨습니다. '지원이라니요… 저는 아버지 아들 전파입니다.' 지원이는 아버지가 찾으러 다니던 가출 청소년 이름인데, 아버지는 어둡다고는 해도 아들을 못 알아보고 지원이냐고 물어 보셨습니다. 갑자기 서러움이 솟구쳐서 그대로 병실을 나와서 집으로 자전거를 타고 오는 1시간 반 동안 저는 계속 울었습니다. '아버지…아버지…나도 아버지 사랑이 필요해요… 아버지가 그리워요….' 그날 이후 저는 아버지에게 마음의 문을 닫았고, 깊은 방황이 시작되었습니다.

그러나 하나님께서 저에게 제 학교 공부 실력으로는 갈 수 없었던 고양외고라는 좋은 크리스천 학교를, 어려서부터 전도하고 교회를 잘 섬겼다는 것을 인정하신 교장 선생님의 배려로 입학하도록 허락해 주셨고, 스페인어과에서 공부하면서 남미 선교사의 꿈을 키우게 해주시며, 선생님들과 친구들의 사랑과 위로로 조금씩 마음의 상처를 치유받게 해주셨습니다. 부산 장신대에서 공부할 때, 6년 가까운 시간을 아버지와 떨어져 살았는데 그 시간이 또 회복의 시간이 되도록 해주셨습니다. 전도사로 사역하면서 이런저런 마음 아픈 일들을 겪을 때마다 곁에서 기도해 주고 힘을 주는 믿음의 선배들을 보내 주셔서 하나님 아버지께서 늘 지전파를 돌보고 계시고 혼자 두지 않고 있다는 것을 알게 해주셨습니다. 아버지의 사랑에 목말라 있던 저에게 하나님 아버지는 한없는 사랑을 부어 주셨습니다.

그렇지만 여전히, 지전파는 친아버지의 사랑에 목이 말랐습니다. 인형극 사역을 같이 할 때도 저는 아버지와 더 의논하고 싶은데 아버지는 알아서 하라고 하시고 늘 저를 외롭게 했습니다.

그러다가 소방관 연극을 보았는데, 백화점이 무너지는 현장에서 화재를 진압하다가 죽어 가는 소방관 아빠가 딸에게 "함께 있어 주지 못해서 미안하다"라는 말을 남기는 장면을 보면서, 나의 아버지 지순철 목사님의 모습이 죽어 가는 소방관과 아버지와 오버랩되면서 아버지에게 닫혔던 마음이 열리는 느낌을 받았습니다.

아버지도 아버지 역할이 처음이어서 어떻게 하는 것이 잘하는 건지 잘 모르셨겠지, 아버지도 가난한 목사로서 어려운 이웃만 찾아다녀야 하는 사역이 결코 쉬운 길이 아니어서 많이 힘드셨을 거라고, 머리로 알다가 마음으로 깊이 이해하게 되었습니다.

아직 아픔이 남아 있고, 고지식한 아버지의 성격 때문에 섭섭한 일들이 계속 반복되고 있지만, 전처럼 그런 것이 아버지를 미워하거나 멀리할 이유가 되지 않는 것이 감사합니다. 그리고 최근에 어머니와 친분이 깊은 권사님까지 두 분을 모시고 오페라하우스에 가서 "명성황후"를 함께 보았는데, 어머니와 권사님께서 평생 처음 오페라하우스에 와 보았고 처음으로 오페라를 보았다고 좋아하시는 모습을 보니 마음이 흐뭇하고 좋아지면서, 앞으로 어머니와 아버지에게 좋은 것들을 더 해 드리고 싶고, 그럴 수 있을 만한 나이가 된 것이 감사했습니다. 이젠 섭섭함을 넘어서 이해하고 돌보아 드려야 할 부모님이라는 것을 제 스스로 받아들이게 되었습니다.
어려서는 아버지의 하나님이셨지만, 이제는 나의 하나님이시고 나의 아버지이신 하나님 아버지가 계시기에 주님 한 분만으로 만족하며, 인형극과 함께 평생을 살아오신 아버지가 한국에서 30년 사역하신 뒤를 이어서, 더 나아가 전파는 온 세계 열방에 인형극을 통해서 전도하고, SNS를 이용한 말 그대로, 이름 그대로 전파 선교사가 되어서 하나님을 영화롭게 해 드리고, 부모님도 잘 모시고 싶은 꿈을 펼치기 시작했습니다.
지순철 목사님! 세상의 성공의 길보다 주님이 주신 좁은 길을 따라 평생을 살아오신 아버지를 존경합니다.
나의 아버지! 이름을 지전파로 지어 주셔서 감사합니다. 복음 전파! 평생 이름값 하며 끝까지 달려가며 믿음으로 주님만 바라보며 살겠습니다.
아버지를 사랑합니다.

지순철 목사님! 지전파 전도사님!
아버지와 아들이 서로를 얼마나 사랑하고 존경하는지 느껴지는 감동적인 사연을 보내 주셔서 감사합니다. 비가 많이 오면 홍수 피해가 심한 산자락에 있는, 금세 쓰러질 것 같은 낡고 낡은 교회, 그곳이 사랑과 돌봄에 목마른 청소년들의 마음이 쉬어 가는 곳이기에, 예수님의 마음이 머물러 있는 곳이라고 생각합니다. 이 방송을 듣고, 돌봄이 필요한 청소년들에게 작은 사랑을 나눠 주실 동역자들이 많이 생기고, 인형극을 통해 전도하고 싶은 감동이 많은 분들에게 있었으면 좋겠습니다. 지순철 목사님과 지전파 전도사님의 삶을 은혜로 덮으셔서 그리스도의 향기가 전해지게 하신 하나님께 찬양 올려 드리며, 이 시간을 마치겠습니다. 한 주간도 주님 주시는 평안을 누리시길 축복합니다.

11.
가정을 세우는 묵상의 향기

— 지현숙 / 김민정

"어떤 부귀를 누리기보다도 당신의 언약을 지키는 것이 더 기뻤사옵니다. 당신의 계명을 되새기며 일러 주신 길을 똑바로 걸으리이다. 당신 뜻을 따름이 나의 낙이오니 당신의 말씀을 잊지 아니하리이다. 당신 종을 너그러이 보시고 살려 주소서. 당신의 말씀을 지키리이다."(시 119:14-17, 공동번역)

지현숙 선교사님의 묵상 나눔입니다.

대학 시절 아동학을 전공한 저는 늘 이렇게 생각했습니다. '난 아이들에 대해서 배운 전공자이니 자녀를 잘 키울 수 있을 거야.' 공부를 하면 할수록 아이들이 더 사랑스러워졌습니다.

결혼 후 큰아이를 낳고 나서는 몸은 힘들었지만 잘 키워야지 하며 아이를 돌봤습니다. 그러나 아이가 말을 하기 시작하고 자아가 생기며 소위 하나의 인격체로서 의견과 감정을 표출하는 시기에 이르자 잘 키울 수 있다는 자신감을 온데간데없이 사라지고, 훈육이라는 명분하에 저의 못난 성품, 죄된 본성, 연약함들이 아이에게 뾰족한 가시로 상처를 주고 있었습니다. 지식이 아닌 말씀과 기도로, 그리고 성령님의 도우심을 의지하며 날마다 새사람이 되어 양육해야 하는데 너무 교만했던 거죠.

아이에게 상처를 준 순간들이 미안하고 못난 저의 모습이 부끄럽지만, 그 시간들을 통해 완전하신 주님을 더욱 바라보고 십자가의 사랑과 은혜를 깊이 묵상하고 감사하게 되었습니다. 제가 그 사랑으로 치유되고 그리스도 안에서 누구며 무엇을 위해 살아야 하는지를 배운 것처럼, 우리 아이들이 하나님의 자녀요 주의 나라를 위해 성실히 살 것을 마음판에 깊이 새기길 간절히 소망합니다.

김민정 집사님의 묵상 나눔입니다.

저자 드니스 글렌의 결혼식까지의 이야기를 보면서 예쁜 사랑, 영화 같은 만남이라 생각되었다. 3일 만에 현실로 나도 함께 돌아온 것 같달까?
아기에서 성인의 어느 시기까지는, 많고 적음을 떠나 긍정의 메시지를 많이 저장했던 것 같다.
어느 날 무심코 나온 배우자 기도. "저는 사람을 잘모르겠어요. 인연이라면 딱 연결되게 해주세요." 그렇게 기도의 답으로 만난 남편. 결혼 전 시어머니의 말씀을 듣다가 '기도의 답이구나!' 하고 프러포즈도 없는 결혼을 하고 어느 순간 둘 다 정신 차리니 아이가 둘이라는, 신기한 공동의 경험을 나눴던 우리 부부다.

결혼도 담담하게 순간에 지나갔지만, 생활도 바쁘게, 그냥 자기의 일상과 의무를 다하듯 했던 것 같다. '네!', '알겠어요!', '좋아요!', '그럴게요!', '해볼게요!'로 가득한 시간은 오로지 나의 봉사만을 바라는 단체 같았달까?

그러다가 어느 순간 이런 생각이 들었다. '이건 아니잖아? 나 너무 힘들다고. 쉬고 싶어! 나 아프다고! 왜 나만? 내 시간은…?'

항상 주변을 챙기고 섬기는 삶을 사신 할머니와 엄마를 보아 온 나의 삶은 당연한 듯 그 모습을 따랐고, 시댁은 당연한 듯 그 상황을 편하게 여겼다. 그러는 사이 나는 내가 지치는 줄도 모르고 두 집을 오가며 두 아이를 혼자 케어하다 보니 모든 게 고갈 상태였다.

도망치듯 나의 시간을 챙기고자 간 곳이 주일 1부 예배였다. 아기들은 자고 남편은 게임을 즐기는 시간. 예배 때 말씀을 들으면서 나도 모르게 울고…일찍 문을 연 도넛 가게에 앉아 말씀을 보고 기도를 적으면서 울고…. 그러다가 집에 가서는 태연하게 하던 일을 했다.

현명하게 말로 하지 못하고, 오기였던 건지 힘들다 못 하고 지내다가 건강검진 결과에 갑상선 항진이라는 진단을 받았다. 탁 내려 두 듯 거리를 두었던 것 같다. '나 이러다 죽겠구나. 몸무게가 41킬로그램을 향하는 게 이상이 있는 거였구나' 싶었다. 끝내 '못 해요! 안 해요!'는 못하고 자연스레 일이 예배드리는 곳에 앉아 있게 된 것 같다. 유일하게 마음도 몸도 쉬는 시간…. 그렇게 하나님의 말씀으로 위로를 받기 시작한 것 같다.

나는 너무 힘들고, 남편도 평생 기댈 대상이라기보다 돌보고 챙겨야 할 대상인 것만 같고, 아기들도 내가 없으면 안 되는데 어쩌지 하는 그때, 마음속의 불안과 두려움, 몸의 곤함을 다 하나님께 드렸나 보다. '두려워하지 말라, 내가 도우리라. 나는 너를 사랑한다. 나는 능치 못할 일이 없단다' 등등의 구절마다 내게 하시는 말씀으로 들렸다. 얼마나 감사하던지!

점차로 아버지만 바라보게 하신 것 같다.

수치상으로는 점점 나빠진다는데 약을 끊을 마음이 생겨서 약을 안 먹었다. 그즈음 신유 기도 때마다 '갑상선 항진증을 낫게 해 달라, 호르몬 수치를 정상으로 잡아 달라' 기도하시는 목사님들의 말씀에 나와 같은 사람도 있구나 생각하며, 마음속 기도로 '저도요! 저도 낫게 해주세요'라고 기도했다.

몇 번의 우연 같은 반복 기도 후에, 나았다는 결과와 갸웃거리는 의사 선생님의 표정을 보게 하셨고, 할머니 임종을 앞둔 시점에 목사님을 통한 기도 응답, 이후의 진행, 멈추었던 십일조를 드리는 상황에 결제를 앞둔 빈 통장을 예정 없던 상황으로 액수를 맞추어 채워 주시는 놀라운 기적과 같은 일 등을 겪었다. 하나님을 바라볼 수밖에 없었고, 하나하나 엮듯 나의 삶에 새겨 주신 것만 같다. 모든 일들이 나의 삶에 뿌리를 박고 터를 다지는 진행을 하도록 시작해 보라는 이끄심이 아니셨나 싶다. 감사하게도 너무도 소극적이고 수동적인 나를 아시기에 예배당 문가에 앉은 나를 가까이 나오도록 하게 하셨으니 말이다. "더 다가오렴. 나에겐 네게 줄 수 있는 것이 다 있단다. 너의 모든 것을 알고 있어" 하시는 것만 같다.
성인이고 독립된 가정의 부모이기에 낳아 주신 부모에게도 나누지 못한 어려움인데…. 하나님을 바라보는 작은 몸짓과 눈물을 알아봐 주시고 너무 세밀하면서도 큰 응답을 주신 하나님. 주님의 자녀 하나하나를 특별하게 하시는 놀라운 은혜요 능력이고, 뿌리 내린 자리를 더 키우고 다져 잡아야 할 명분을 주신 것 같다.
아이들에게도 잊지 않도록 전해야겠다. 하나님께서 얼마나 너를 사랑하시는지, 너의 모든 것을 아시고 귀하게 보며 바르게 자라기를 바라시는 것과 너를 구원하실 준비를 마치셨다는 것까지 말이다.

"주님! 주님만 바라봅니다.
저에게 있는 양동이를 떠올려 봅니다. 제 사랑의 근원이신 주님의 사랑을 가늠하며 양동이를 키워 보는 실수를 했습니다. 키우면 더 커지는 하나님의 무한의 깊은 사랑을 확신하게 해주셔서 감사합니다.
저희 가족의 마음 중심이 순수한 주님만의 생명으로 가득 차기를 소망합니다. 남편의 직진 본능이 주님의 신호를 받고 영생의 차로로 차선 변경을 해서 안전하게 주님께 달려가길 소원하며, 아이들 또한 주님을 기쁘시게 하는 길로 신나게 달려가게 되기를 예수님의 이름으로 기도 드립니다. 아멘."

12. 선한 사마리아인의 삶

– 이정희 / 데리안

"누가 이 세상의 재물을 가지고 형제의 궁핍함을 보고도 도와줄 마음을 닫으면 하나님의 사랑이 어찌 그 속에 거하겠느냐 자녀들아 우리가 말과 혀로만 사랑하지 말고 행함과 진실함으로 하자"(요일 3:17-18).

#1

18세기 독일에서 훌륭하게 목회를 했던 진 프레드릭 오버린 목사가 모처럼 겨울 여행을 떠났습니다. 그런데 여행 도중 심한 눈보라를 만나 길을 잃었고, 꼼짝없이 얼어 죽을 수밖에 없는 상황에 놓였습니다. 그런데 때마침 마차를 타고 가던 어떤 사람이 오버린 목사를 발견하고는 마차에 태워 인근 마을까지 데려다 주었습니다. 게다가 편히 쉴 수 있는 따뜻한 방까지 마련해 주었고요.

오버린 목사는 무척 고마워하면서 그 사람에게 이름을 물었습니다. 그러자 그 사람은 "당신은 목사님이시죠? 그렇다면 선한 사마리아 사람의 이름을 아시나요? 저는 목사님이 선한 사마리아 사람의 이름을 알게 될 때까지 제 이름을 밝히지 않겠습니다" 하고 말했습니다.

#2
중세 유럽에서는 아기를 낳으면 맨 먼저 교회에 안고 가서 세례를 받습니다. 이때 집례자가 부모에게 서약하게 하는 말이 있다고 합니다. '아이가 일곱 살이 될 때까지 물과 불과 말발굽과 개 이빨로부터 보호받도록 하라'는 것, 다음으로는 '이 아이가 부모의 슬하를 떠나도록 가르쳐야 한다. 당신이 자식이 보는 데서 착하고 아름다운 일들 즉 기도하는 일이나 찬송하는 일이나 남을 도와주는 것과 같은 일들을 30퍼센트 정도 한다면, 남이 알아주지 않는 70퍼센트의 일을 하도록 노력하라'는 내용입니다. 계속해서 집례자는 부모에게 말하기를 "아무도 알아주지 않을지라도 뿌린 씨는 성장하고, 아무도 알아주지 않을지라도 남의 상처를 싸매어 주며 사랑을 실천했을 때 그 사랑은 날아가는 천사가 되어 어느 땐가는 당신들의 아이에게로 돌아가게 될 것이요"라고 합니다.

세상의 군대가 가지고 있는 가장 강력한 무기가 핵이라면, 하나님의 군사들에게 주신 가장 강력한 무기는 사랑입니다. 그런데 혹시 우리가 강력한 무기인 사랑을 지극히 제한적으로 사용하고 있는 것은 아닐까 하는 생각이 들었습니다.

"너희가 만일 너희를 사랑하는 자만을 사랑하면 칭찬 받을 것이 무엇이냐 죄인들도 사랑하는 자는 사랑하느니라 너희가 만일 선대하는 자만을 선대하면 칭찬 받을 것이 무엇이냐 죄인들도 이렇게 하느니라 너희가 받기를 바라고 사람들에게 꾸어 주면 칭찬 받을 것이 무엇이냐 죄인들도 그만큼 받고자 하여 죄인에게 꾸어 주느니라 오직 너희는 원수를 사랑하고 선대하며 아무것도 바라지 말고 꾸어 주라 그리하면 너희 상이 클 것이요 또 지극히 높으신 이의 아들이 되리니 그는 은혜를 모르는 자와 악한 자에게도 인자하시니라 너희 아버지의 자비로우심같이 너희도 자비로운 자가 되라"

(눅 6:32-36).

성경 말씀은 우리에게 이렇게 분명하게 가르치고 있는데, 우리는 마음이 통하고 대화가 되고 서로 비슷한 상황에 있는 사람들과만 좋은 시간을 함께 보내며 지내고 있지는 않은지 돌아보아야 하지 않을까요. 저 또한 저를 인정해 주고, 이해해 주는 좋은 사람들과 더 많은 시간을 보내고 있다는 것을 알게 되었습니다. 성경은 그러한 사랑은 죄인들도 한다고 하면서, 예수님을 따르는 사람들은 달라야 한다고 말합니다. 무엇을 해야 강도 만난 자를 돕는 선한 사마리아인이라고 할 수 있을까요? 그런 생각을 하자마자 이정희 님의 이름이 떠올랐습니다.

#3
이정희 님은 정성스럽게 맛있는 음식을 준비하고, 호텔처럼 멋지게 데커레이션을 한 식탁에서 어머니들을 초대하여 음식을 대접하고, 준비한 선물들을 나눠 주는 섬김을 하는 분입니다. 그런데 이 어머니들은 일반적인 어머니들이 아니고 강도를 만난 어머니들입니다. 바로 미혼모라고 불리는 어머니들입니다. 아직 고등학교에 다녀야 할 앳된 나이에 어머니가 된 이들은 대부분 아이의 아버지들에게 버림받았거나 아버지가 아이를 돌볼 능력이 없는 사람이어서, 자기 자신도 책임지기 어려운 어린 여자의 몸으로 아이까지 책임져야 하는 안타까운 상황에 놓여 있습니다. 이런 미혼모들 대부분은 마치 인생에 강도를 만난 사람들과 같이 절박한 현실 앞에 도움이 필요한 사람들일 것입니다.

그들을 위해 맛있는 음식과 선물을 준비하고 그들의 이야기를 들어 주며 위로하는 일을 계속해 오시는 정희 님은 암 투병을 하신 분입니다. 그렇기 때문에 음식을 만드는 일이 힘에 부칠 때도 많지만, 정성스럽게 준비된 식탁 앞에서 이런 대접을 처음 받아 본다며 눈물을 글썽이며 감사하는 어린 엄마들을 모른 척할 수가 없어서 그 일을 계속하고 있다고 하셨습니다. 다행히 같은 마음을 가진 분이 함께 해 주셔서 계속할 수 있다며 감사하는 정희 님을 보면서, 이런 섬김이야말로 하나님께서 기뻐하실 사랑의 모습이란 마음이 들었습니다.

대가를 바라지 않고, 대가를 기대할 수조차 없는 이들에게 사랑으로 정성을 다해 섬기며, 이름도 없이 빛도 없이 묵묵히 그리스도의 사랑을 전하는 정희 님과 같은 분들이 지금보다 더욱 많아지길 소망하며, 저 또한 그러한 섬김의 삶을 살아 낼 수 있기를 기도합니다.

미혼모 한 사람, 노숙자 한 분을 섬기는 일일지라도, 갑의 입장에서 도움을 받는 을에게 하듯 하는 것이 아니라 주님을 섬기듯이 정성스럽게 섬기는 마음…그 마음의 중심을 보시는 하나님의 복이 정희 님과 돕는 손길 위에 임하기를 기도하며 축복합니다.

#4

　대니얼의 졸업식에서 만난 대니얼의 친구 데리안은 네 살 때부터 봉사활동을 시작했습니다. 데리안이 다섯 살이 되었을 때 그의 어머니가 쌍둥이 남동생들을 낳았는데, 아버지는 해외에서 근무 중이었기 때문에 데리안은 어머니를 도와서 쌍둥이 동생을 돌보아야겠다고 생각을 했고, 열심히 어머니를 도왔다고 합니다. 데리안은 그렇게 봉사를 생활 속에서 실천하다가 대학에 와서도 끊임없이 봉사 활동을 리드하며 ROTC의 훈련도 잘 마치고 장교로 임관했습니다. 앞으로는 의사가 되어서 아픈 사람을 고쳐 주는 봉사를 하러 다니고 싶다고 했습니다.
　일본인 어머니와 미국인 아버지 사이에서 태어난 데리안은 안타깝게도 크리스천이 아니었습니다. 그래서 데리안에게 이렇게 말해 주었습니다. 처음에는 가족을 위해 봉사하고, 조금 자라서는 이웃을 위해서 봉사하고, 지금은 나라를 위해서 봉사하니까, 다음은 온 우주의 주인이신 하나님을 위해서 봉사하면 좋겠다고 축복의 말을 해 주었습니다. 데리안의 연락처를 받고 제 연락처를 주고 나니, 이렇게 아름다운 마음을 가진 그가 속히 하나님을 만나길 바라는 마음이 더욱 간절해집니다. 애청자 여러분께서도 데리안이 예수님을 구주로 영접할 수 있도록 기도해 주시면 좋겠습니다.
　하나님을 모르는 사람들 중에도 이렇게 선한 일을 하는 사람들이 많으니, 우리 크리스천들이라면 더욱 이 세상에 빛과 소금이 되는 사람들이 되길 기도합니다.

13.
기도의 향기가
가득한 삶

— 박유미 / Joy

"누가 현숙한 여인을 찾아 얻겠느냐 그의 값은 진주보다 더 하니라 그런 자의 남편의 마음은 그를 믿나니 산업이 핍절하지 아니하겠으며 그런 자는 살아 있는 동안에 그의 남편에게 선을 행하고 악을 행하지 아니하느니라"(잠 31:10-12).

이 말씀은 한 남편의 아내인 저에게 현숙한 여인에 대해 묵상하게도 하지만, 제가 아들 넷이 있는 엄마이기도 하기에 우리 아들들이 이런 현숙한 여인을 아내로 맞이하기를 기도하게 하는 말씀이기도 합니다.

현숙한 아내가 되고 싶어서 여러 가지 교육 프로그램들을 열심히 찾아서 배워 본 중에 제가 첫손가락으로 꼽는 프로그램은 '마더와이즈'입니다. 지혜편, 자유편, 회복편으로 구성되어 있는 마더와이즈는 책의 내용도 훌륭하고, 인도하는 방식과 나눔의 시간들이 효과적으로 잘 구성되어 있습니다.

몇 년 전, 한국에서 미국으로 와서 어린 두 자녀를 키우며 힘들어하시던 사모님 한 분께 마더와이즈를 권해 드렸습니다. 갑상선 암 수술로 약해진 몸으로 선교지였던 중국에서 공안들의 위협 속에서 고통 받았던 시간들로 인해 위축된 사모님이, 이 프로그램을 통해서 회복되고 치유되시는 모습을 보았습니다. 사모님은 자신이 미국에 온 것이 마더와이즈를 하기 위해서였나보다고 할 정도로 감사해 하셨습니다.

저 또한 마더와이즈 교재와 나눔, 만남의 시간의 소중함을 알기에 지속적으로 마더와이즈 프로그램으로 어머니들의 모임을 해 나가고 있었는데요. 얼마 전에 마더와이즈 본사에서 진행하는 리더십 세미나에서 팀을 섬겨 달라는 부탁을 받고, 비록 잠도 제대로 잘 수 없을 만큼 스케줄이 바빴지만 그 가치를 알기에 흔쾌히 승락을 했습니다. 그렇게 해서 만난 우리 팀의 네 어머니 한 분 한 분이 얼마나 성숙하고 귀한 신앙을 가졌는지, 나눔의 시간을 통해 풍성하고 아름다운 교제를 하였습니다.

그중에서 특별하게 기도하며 기억하게 된 한분이 있었습니다. 메릴랜드에서 벧엘 교회를 섬기시는 박유미 집사님이 그 주인공인데요. 집사님의 간증을 들으며 큰 감동을 받았습니다.

한국의 작은 섬 완도에서 태어나서, 해녀인 어머니 대신 언니의 돌봄을 받으며 공부한 이야기며, 아무도 믿지 않는 집인데 일곱 살

때 처음으로 간 교회에서 하나님을 믿기로 결심한 것이 참으로 놀라웠습니다. 한국의 작은 섬 완도에서 태어나서, 미국에 와서 박사 학위를 받고 교수가 되는 과정 과정 마다 하나님께서 분명하게 함께 하신 일들을 보면서 안 믿던 가족들이 하나님을 믿게 되었다고 하셨는데요. 말씀하는 내내 어린아이처럼 기쁨에 찬 얼굴이어서 그 진심이 전해졌습니다.

유미 집사님은 풀타임 직업을 가지게 되면서 기도를 드렸다고 합니다. 매년 급여가 오르는 만큼 선교사님들을 더 섬기겠다고 서원을 한 것입니다. "네 재물이 있는 곳에 마음이 있다"라고 하신 마태복음 말씀처럼, 유미 자매님의 마음이 하나님께 있다는 것을 느낄 수 있었습니다. 열심을 다해 공부해서 석사, 박사 과정 전부 장학금으로 공부했지만, 중요한 순간마다 하나님이 일하셨음을 인정하며 겸손하게 하나님만 높이는 모습, 그 모습을 바라보는 하나님의 마음은 얼마나 기쁘실까요?

이안이와 사랑이를 믿음 안에서 키우면서, 교회의 교육 부서를 섬기고 마더와이즈를 섬기며 헌신하는 모습을 하나님께서 바라보시고 기억하셔서 더욱 풍성하게 채워 주시리란 마음으로 축복한 기쁜 만남이었습니다.

"나의 사랑하는 자가 내게 말하여 이르기를 나의 사랑, 내 어여쁜 자야 일어나서 함께 가자 겨울도 지나고 비도 그쳤고 지면에는 꽃이 피고 새가 노래할 때가 이르렀는데 비둘기의 소리가 우리 땅에 들리는구나 무화과나무에는 푸른 열매가 익었고 포도나무는 꽃을 피워 향기를 토하는구나 나의 사랑, 나의 어여쁜 자야 일어나서 함께 가자"(아 2:10-13).

　청춘 남녀가 사랑을 속삭이는 모습을 보면 "좋을 때다" 하고 미소를 짓게 됩니다. 사랑하기에 좋을 때! 그렇지만 이때의 사랑은 유효 기간이 180일이라는 말이 생길 정도로 호르몬의 영향도 많이 받는 사랑이라 쉽게 이별을 맞이하기도 합니다.
　며칠 전, 30여 년을 함께 사신 조이(Joy) 집사님 부부와 함께 식사를 했는데요. 서로를 꿀 떨어지는 눈으로 바라보며 연신 등을 쓰다듬어 주기도 하며 사랑을 표현하는 모습을 보면서, 젊은이들의 사랑 못지않게 아름답게 보였습니다. 항상 웃음을 잃지 않고 섬김의 자리를 지키시는 조이 집사님의 비결이 남편에게 받는 사랑에 있었다고 돌아오는 차 안에서 남편과 이야기를 나눴습니다.
　조이 집사님이 사랑받는 비결은 항상 남편을 위해 기도하고 남편의 가족과 친척은 물론 친구들까지 지극 정성으로 기억하고 배려하기 때문이고, 이건 아무나 할 수 없는 일이라고 입을 모았습니다. 결혼한 부부의 50퍼센트 이상이 이혼을 하는 세상, 결혼하려는 사람들이 점점 줄어들고 있는 세상에서 부부가 하나 되어 사랑하며 사는 모습을 보여 주며 가정의 소중함을 알게 해주는 크리스천 가정들이 많아져야 하기에, 조이 집사님 부부의 모습이 참 귀하게 느껴졌습니다. 젖먹이 믿음이를 중국에서 입양한 후 믿음이가 자기 길을 가는 아름다운 청년으로 장성하여 약혼을 하고 결혼 날짜를 잡을 때까지 기도로 키우신 걸 잘 알기 때문입니다.
　이 외에도 제가 조이 집사님을 통해서 '크리스천다운' 삶의 모습을 보고 존경하게 된 일이 많이 있지만, 특별한 감동으로 함께 눈물

흘린 일화가 있습니다. 지금은 소천하신 조이 집사님의 시어머니께서 노환으로 돌아가시기 전에 자녀 중에 누군가가 모셔야 할 상황이었습니다. 효성이 지극하다 해도 나이가 아흔이 넘고 체중도 200파운드가 넘는 거구의 시어머니를, 왜소한 체구의 환갑이 넘은 며느리가 집에서 모시는 일은 쉽지 않습니다. 다른 형제들도 각자의 생활과 입장 때문에 어머니를 모실 형편이 아니라서 곤란한 처지였습니다. 코로나 시기인지라 ZOOM에서 모인 가족 회의 시간에 조이 집사님이 모시겠다고 하자 다들 감사와 놀라움을 금치 못했다고 합니다. 시어머니와 남편, 시댁 식구들은 모두 백인으로 미국 사람들인데, 미국으로 시집온 한국인 며느리가 시어머니를 모시는 일은 찾아보기가 어렵습니다. 제가 조이 집사님께 왜 그렇게 힘든 결정을 하셨는지 물어 보자 조이 집사님은 이렇게 대답했습니다.

"나도 건강이 좋지 않으니 모실 엄두가 나지 않았지만, 예수님을 믿는 사람이 부모를 공경해야 한다는 마음을 주시니 순종했어요. 성령님께서 마음을 주시니 순종해야지요."

참으로 신실한 믿음의 대답이었습니다. 우리는 하나님께서 조이 집사님에게 복을 주시려고 순종의 대답을 원하셨다는 것을 얼마 지나지 않아서 알게 되었습니다. 휠체어를 타는 시어머님을 모시기 위해 집을 수리하려고 견적을 받고 공사를 시작하기 직전에 시어머니께서 소천하신 것입니다.

100세가 가깝게 장수를 누리고 자녀들의 효도를 받으며 천국에 가신 시어머니, 그리고 효부로 칭찬을 받으며 예수 믿는 사람의 본이 된 조이 집사님! 하나님은 이렇게 조이 집사님이 쉽게 "예"라고 대답하기 어려운 상황에서도 순종하는 모습을 보시고, 충성된 자녀로 인정받게 해 주셨습니다. 앞으로도 기도하는 조이 집사님의 기도 사역에 새로운 장을 열어 주시고 지경을 넓혀 가시는 하나님의 역사를 계속 기대하게 됩니다.

연일 세상에서는 어두운 소식이 들려오지만, 곳곳에 심긴 하나님의 사람들이 그 땅을 비추는 빛이 되고, 인생의 참맛을 알려 주는 소금이 되어 살아가고 있음을 봅니다. 조이 집사님처럼 "나의 사랑하는 자야, 일어나 함께 가자" 부르시는 하나님의 목소리를 따라 "예" 하고 성령님과 동행하는 저와 애청자 여러분 되시길 축복합니다.

14.
아빠에게 하는
딸의 친밀한 기도

- 이정은

　많은 분들이 하나님을 '아버지'라고 부르며 기도하지만, 사람들마다 하나님 아버지에 대한 다른 이미지를 가지고 있는 것을 봅니다. 대체로 육신의 아버지와 편안하고 친밀한 관계를 가진 분들은 영의 아버지이신 하나님 아버지와의 관계도 친밀한 것을 알게 되는데요, 하나님께서는 우리가 하나님께 더 친밀하게 다가오길 바라십니다. 그 좋은 예가 이정은 전도사님의 기도입니다.
　이정은 전도사님의 기도는 하나님께서 미소 지으며 들어 주실 기도란 생각이 절로 듭니다. 두 자녀가 장성하였고 흰머리가 성성하여도 여전히 하나님 앞에서 어리광을 부리는 듯한 다정한 딸의 모습이 기도에 녹아 있기 때문입니다. 이정은 전도사님께서 하나님께 올려 드리는 기도로 오늘의 향기가 되어 마치도록 하겠습니다. 평안하세요.

주님, 감사합니다. 이제 주님 안에서 정은이가 펜을 들어 봅니다. 이 펜을 통해 주님과 많은 진솔한 대화를 나누기를 소망하며 시작해요. 조금은 조심스럽고 쑥스러운 감도 있으나, 한편으로는 기대가 많이 되네요.

주님, 오늘 저는요 조금은 바쁜 듯한 분주한 분위기 속에서도 주님과 나름 함께할 수 있어서 너무 좋았어요. 그런데 하루를 마치고 오늘의 결실을 찾으려 했는데 아무것도 못 찾았어요. 그러나 정은이는 많이 행복해요. 주님과 함께한 모든 순간순간이요.

주님, 오늘 주님의 하루는 어떠셨어요? 세상은 여전히 어지러운 혼돈 속에서 꽤나 시끄럽지요? 주님, 많은 주님의 은혜 안에 있는, 하나님 나라 안에 거하는 우리 형제자매들의 기도의 향기 또한 매우 향기롭게 주님께 올려졌지요? 주님, 주님의 마음이 저희들로 인해 흡족하셨으면 좋겠어요.

아버지, 하나님 아버지의 하루는 어떠셨어요? 아버지께서 창조하신 세상 구석구석에 아버지의 완전한 통치가 이루어지는 그날을 믿음으로 바라보며 기도하고 있어요. 아버지, 정은이가 아버지 앞에 있을 수 있어서 너무너무 감사해요. 저는 아버지 무진장 좋아해요. 사실은 많이 많이 사랑한다고 말씀을 드리고 드리고 싶은데, 왠지 켕기는 제 맘 이해 하시지요?

참 좋으신 아버지, 늘 감사합니다! 주님, 저를 향한 주님의 마음을 주님의 계획을 제 마음에 꼭 연결해 주세요. 꼭이요! 주님, 저 꿈에서 주님 다시 가까이서 뵙고 싶어요. 사랑해요! 그리고 매일 매 순간 사랑한다 말씀해 주셔서 너무너무 힘이 나요. 곧 뵈어요, 꼭이요!

15.
치유하시고 택하신 주님

- 김 란

"너희가 나를 택한 것이 아니요 내가 너희를 택하여 세웠나니 이는 너희로 가서 열매를 맺게 하고 또 너희 열매가 항상 있게 하여 내 이름으로 아버지께 무엇을 구하든지 다 받게 하려 함이라"(요 15:16).

살을 에는 찬바람이 부는 2월의 새벽…아직 어둠이 짙게 내려앉은 시간에 태어난 지 며칠 되지 않은 신생아를 강보에 꽁꽁 싸 안고, 45개월 된 어린아이의 등에 성경책과 우유병과 기저귀를 담은 가방을 메게 하고 그 손을 잡고 걷고 있는 젊은 여인!
출산한 지 얼마 되지도 않은 제가 새벽에 아이 둘을 데리고 나오는 모습을 보고 놀라서 달려온 경비 아저씨게 괜찮다고 말씀드리고 길을 걸어갑니다. 그런데 이번에는 택시가 와서 서더니 '어디 가든지 그냥 태워 드릴 테니 가까운 거리라도 타고 가라'며 안타까운 눈으로 제게 친절을 베푸셨습니다. 20년도 더 지난 일이지만 지금도 생생한 그날의 기억, 저는 지금처럼 사순절 기간에 둘째 아이를 낳자마자 바로 새벽 기도회에 나가기 시작했습니다. 신앙이 없는 남편을 주님께 돌아오게 해 달라는 간절한 기도 제목을 가지고…. 몸조리 잘하려면 찬바람을 쐬면 안 된다는 것을 뻔히 알지만, 어린 두 아이를 데리고 발걸음은 매일 새벽 교회로 향했습니다. 그리고 부활절날 드디어 남편이 교회에 출석하였습니다!

그날 이후 수십 년이 지난 지금, 남편은 기도하는 신실한 믿음의 사람이 되었고 저는 김란 권사 그리고 큰언니라는 이름으로 상처받고 소외된 사람들을 찾아 위로하는 위로자의 삶을 기쁘게 살아가고 있습니다.

아이를 낳은 지 얼마 되지도 않은 산모가 겨울바람을 뚫고 새벽예배를 다녔다는 말만 들으면, 어쩌면 지나치게 광신적인 사람으로 비춰질지도 모르겠습니다. 그러나 제가 병명을 알 수 없는 병마에 시달려 걷지 못할 때 하나님의 은혜로 치유 받고 걷게 된 산 증거를 제 몸에 가지고 있고, 그 외에도 살아 계신 하나님을 직접 경험할 수 있는 은혜를 부어 주셨기 때문에, 저에게는 하나님 앞에 나가는 것이 살길이라는 확신이 있었기에, 두 아이를 데리고라도 사순절 새벽 제단을 쌓고 싶었습니다. 결과적으로 하나님께서는 제 마음의 소원대로 부활절에 남편을 교회에 보내 주셨습니다.

저는 전통적인 유교 집안의 어른들이 모여 사시는 집성촌의 장손

가정에서 태어나서 두 달에 최소한 세 번의 제사를 지내는 모습을 어릴 때부터 보고 자랐습니다. 또 대학을 서울로 오면서 함께 살게 된 막내 고모가 절에 다니고 있었습니다. 그런 이유로 저 자신이 종교 행위를 하지는 않았지만 유교와 불교 문화에 익숙했습니다.
스물한 살의 어느 날, 아침에 잠에서 깨어서 자리에서 일어나려는데 무릎이 조금 아프기 시작하더니, 저녁 무렵이 되어서는 붓고 열이 나서 걸을 수 없는 지경이 되었습니다. 그 당시, 어머니가 암 투병으로 대학병원에 입원해 계셔서 저도 그 병원에 가서 입원을 하고 검사를 하였지만, 그 어떤 검사로도 병명을 알 수 없었습니다. 암으로 1년 반 입원 생활을 하던 어머니는 그때 퇴원하시게 되었고, 저는 어머니가 병실에서 쓰던 물건을 물려받아 입원 생활을 시작하게 되었으니, 그 모습을 보는 가족들의 슬픔은 말로 다 표현할 수가 없었습니다.
3개월의 입원 치료에도 아무 효과가 없어서 결국 오빠의 등에 업혀 퇴원하고 난 뒤, 어머니는 저를 데리고 다니며 한방 치료는 물론, 민간요법과 무속적인 방법까지 다 동원하여서 어떻게든지 큰 딸인 저를 고쳐 보려고 백방의 노력을 다하셨습니다.
제 병세의 차도가 없이 겨울이 지나고 봄이 왔습니다. 어느 봄날, 불법 민간 치료소를 알아 오신 어머니의 손에 이끌려서 간 곳에서 받았던 치료라는 것은 지금 생각해도 눈을 질끈 감게 됩니다. 뜨개질할 때 사용하는 대바늘 굵기의 바늘로 무릎을 찌르면서 하는 치료의 순간, 내 가슴속에서 "하나님" 하는 절규에 가까운 부르짖는 소리가 제 귀에 들렸습니다. 제 속에서 난 소리에 제가 놀라서 "내가 하나님을 찾았네? 내가 하나님을 불렀어…" 하고 혼잣말로 여러 번 되뇌었습니다.

치료를 마치고 어머니는 택시를 잡기 위해 큰길로 나가셨고, 비 오는 날이었던지라 저는 한 손으로는 우산을 들고, 한 손으로는 목발을 짚고 멍하니 서 있었습니다. 그때 한 여자분이 비를 피해서 제 우산 속으로 뛰어 들어왔습니다. 아픈 사정을 물어 보고 유명한 한의원도 알려 주고 가다가는 다시 제게로 달려와서는 "예수 믿으세요?" 하고 물어 보셨습니다. 저는 곧바로 "네" 하고 망설임 없이 대답했는데, 대답하고는 제 자신에게 또 놀랐습니다. 아주머니는 저에게 예수 잘 믿으라는 말을 하고는 뛰어가셨습니다.

저는 바람 부는 빗속에 서서 갑자기 터져 나오는 통곡을 참지 못하고 엉엉 울었습니다. 울면서 "하나님, 제가 졌습니다. 하나님, 제가 졌습니다" 하고 되풀이하고 있었습니다. 의식적으로는 하나님과 겨룬 적도 없고 생각해 본 적도 없는 말인데, 왜 이런 고백을 하게 되었는지 알 수는 없지만, 그렇게 소리 내어 고백하며 한참을 엉엉 울었습니다.

어머니에게 아주머니가 소개해 준 한의원을 말씀드리고 제게 있었던 일을 알리니, 당장 내일 그 한의원에 가 보자 하셨습니다. 그러나 그곳에서도 치료할 수 없다는 말만 듣고 나와야 했습니다. 허망한 마음을 안고 눈물 바람에 탄 택시에서 운전기사 분이 전화번호 하나를 주시고는 그곳에 가 보라고 했습니다.

다음 날 찾아간 그곳은 곳곳에 피를 짜낸 솜들이 보이고 많은 중풍 환자들이 치료를 받고 있었습니다. 그곳에서 치료하고 계시던 할아버지께서 저를 진찰하고는 제 무릎을 따뜻하게 만져 주시며 "아가, 걱정 마라, 내가 고쳐 주마" 하고 말씀하셨는데, 정말 이틀

후 저는 혼자 화장실에 갈 수 있었고, 3일째에는 목발 없이 움직였으며, 일주일 후에는 걸을 수 있게 되었습니다. 제가 치료되는 것을 보시고 어머니는 저에게 "너는 하나님을 믿어야 하는가 보다"라고 하면서 교회에 가라고 하셨습니다.

그렇게 해서 처음 교회에 간 날, 저는 무엇을 어떻게 해야 하는지 몰랐기 때문에 1시간 가까이를 "하나님, 사랑합니다. 하나님, 사랑합니다. 하나님, 사랑합니다…" 하는 말만 계속 했습니다.

신앙 공동체에 속해 있었음에도 믿지 않은 남편과 결혼한 것은, 저에게는 남편의 영혼을 구원하길 원하시는 하나님의 계획이라는 믿음이 있었기 때문입니다. 그렇기에 가능했던 새벽 제단. 사순절 기간 동안 두 아이를 데리고 올려 드린 새벽 제단을 받고 응답하여 주신 하나님!

한 영혼이 하나님께서 돌아오기를 기뻐하시는 하나님께서는 저의 친정아버지의 영혼 또한 저에게 맡겨 주셨습니다. 큰아들은 입시 준비로 예민한 고등학교 2학년, 둘째 아들은 사춘기의 절정인 중학교 2학년인데 남편은 지방에 근무 중인 상황에서 암 투병을 시작한 연로하신 친정아버지를 제가 모시게 된 것입니다. 제 형편과 약한 체력으로는 감당할 수 없는 일이지만, 크리스천으로서는 마땅히 해야 하는 일이고, 하나님께서 힘 주실 것이라는 믿음으로, 믿지 않는 오빠들 집에서 다툼이 자주 일어나게 되는 원인이 되고, 아버지 또한 견디기 힘들어 하시기에 저희 집으로 모셨습니다.

"하나님, 아버지가 통증이 없게 해 주세요…." 제가 기도한 그대로, 저희 집에 오시고는 골반뼈 한쪽이 다 녹아내려서 통증을 견딜 수 없는 것이 정상인 상태임에도 아버지는 타이레놀 두 알만 드시면 통증이 없어졌습니다. 하나님께서 그렇게 응답해 주셨습니다. 또 "하나님, 아버지는 시골에서 평생 문화생활을 모르고 사셨습니다. 돌아가시기 전에 문화생활을 누릴 수 있게 도와주세요"라고 기도한 그대로 아버지는 실버스쿨에 다니면서 도시 문화를 즐기다가 만 4년의 투병 생활을 마치고 천국으로 가셨습니다.

아버지는 유교 집안의 장손이었기에 당연히 집안 풍속에 따라 유교식 5일장을 치르고 제사를 지낸다거나 했어야 하는데, 아버지가 돌아가시기 전에 제가 모셨기 때문에 가족 모두 아무런 반대 없이 기독교식 예배로 천국 환송을 하였고, 그 이후로 저희 집안에 그 많던 제사가 다 사라지는 복을 주셨습니다. 절대 사라질 것 같지 않던 집안 제사가 다 사라진 것이 제게는 놀랍고도 감사한 간증입니다.

2020년 12월에 갑상선암 진단을 받고 수술하고 난 날 새벽, 하나님께서는 제게 선교의 비전을 주셨습니다. 그리고 2021년 2월에 온라인 선교사로 줌을 통해 무슬림 지역에 살고 있는 현지인에게 한글을 가르치고, 또 선교 세미나를 들으며 한 걸음씩 한 걸음씩 그 비전에 순종하고 있습니다. 또한 제 이웃으로 보내 주신 돌봄이 필요한 자매들에게 큰언니가 되어 주는 섬김의 자리를 허락해 주셨습니다.

낯선 한국 땅에 와서 두렵고 외롭고 세상의 눈치를 보는 집시와 같은, 나그네 같은 그들에게 집에서 만든 몇 가지 반찬과 김치찌개를 들고 찾아갑니다. 제게 부어 주셨던 하나님의 사랑이 그들의 순가락에 한 숟갈 함께 올라가 그들의 영혼을 먹이는 모습을 바라보는 기쁨! 주님 주신 그 기쁨을 누리는 순간, 그곳은 제게 주님의 따뜻한 임재를 느끼게 하는 천국이 됩니다.

'향기가 되어' 애청자 여러분의 사연으로 마음이 따뜻해졌던 것처럼, 지극히 작은 자인 저와도 함께해 주신 하나님의 사랑 이야기가 이름 모를 병마와 싸우고 계신 분들께, 가족 구원을 위해 애타게 기도하시는 분들께, 그리고 타지에서 외로움을 홀로 견디고 계신 분들께 작으나마 위로가 되었으면 하는 바람으로 나누었습니다. 저의 이야기를 들어 주셔서 감사합니다!

16.
나를 보내 주소서

— 김종수 / 제니 쟈

"예수께서 모든 도시와 마을에 두루 다니사 그들의 회당에서 가르치시며 천국 복음을 전파하시며 모든 병과 모든 약한 것을 고치시니라 무리를 보시고 불쌍히 여기시니 이는 그들이 목자 없는 양과 같이 고생하며 기진함이라 이에 제자들에게 이르시되 추수할 것은 많되 일꾼이 적으니 그러므로 추수하는 주인에게 청하여 추수할 일꾼들을 보내 주소서 하라 하시니라"(마 9:35-38).

버지니아는 이제 만 16세 이상의 모든 사람이 코로나 바이러스 백신을 맞을 수 있는 대상이 되어서 많은 분들이 백신을 맞고 있습니다. 그래서 저와 저희 가족들도 모두 4월 중에 맞게 됩니다. 백신을 맞는 것도 중요하겠지만, 코로나 바이러스 자체가 사라졌으면 좋겠습니다.

  날씨가 풀리고 백신을 맞기도 하니, 사람들 마음에 이제는 여행을 가고 싶은 바람이 생기는 것 같습니다. 여기저기에서 여행 이야기들을 자주 듣게 됩니다. 저도 지난 1년간 거의 여행다운 여행을 하지 못하다 보니, 마음은 벌써 세계 일주를 하고도 남을 만큼 가고 싶은 곳도 많고 만나고 싶은 사람도 많습니다. 애청자 여러분은 만약 자유롭게 여행할 수 있다면 어느 곳에 가장 먼저 가고 싶으신지요? 아름다운 휴양지나 손꼽히는 관광명소, 사람들마다 가고 싶은 곳이 다양할 텐데요.

  오늘 소개해 드릴 분은, 일반 사람들이라면 가고 싶지 않을 곳에 돌아가고 싶어서 애태우고 계신 분입니다. 50여 년 가까이 유혈 분쟁이 끊이지 않았던 곳, 외교부의 허가 없이 여행을 갔다가는 형사 처벌을 받을 수 있는 지역도 있고, 내전이 끊이지 않다 보니 필리핀에서도 가장 문맹률이 높은 지역에 속하며, 무슬림 자치구가 들어서 있을 정도로 필리핀 전체에서 가장 많은 무슬림이 살고 있는 민다나오에서 사역한 김종수 선교사님이 그 주인공입니다. 코로나로 인해 필리핀으로 들어갈 수 없는 상황이라, 한국에 머물면서도 여러 가지 방법을 동원하여 필리핀 현지 사역을 그 어느 때보다 열정적으로 하고 계시며 그 땅에 하루 속히 들어가서 하나님의 꿈을 펼치기를 소망하는 분이십니다.

  김종수 선교사님이 그토록 애태우며 만나서 함께 예배 하고 싶어 하는 사람들은 다름 아닌 길거리의 어린이 예배자들입니다. 길에 돗자리를 깔고 거리에서 예배를 드리는 아이들이 예수님을 만나서 교회가 되었습니다. 그 교회가 성장하여 또 다른 교회를 세워 나가며, 복음으로 훈련시켜서 선교사로 파송합니다. 수적으로 점점 늘어나고 있는 무슬림 세력을 막아 내고 열방을 복음화하는 꿈을 이뤄 가도록 민다나오에서 펼쳐져 가고 있는 하나님의 선교 이야기를, 찬양 올려 드리고 시작하겠습니다. 찬양은 "교회여 일어나라" 입니다.

몇 십 년 전, 한국에서 큰북과 작은북을 치고 찬양을 부르면서 온 동네를 돌아다니면 동네 아이들이 하나둘씩 달려 나와서 줄줄이 그 뒤를 따라 교회로 가서 예배를 드리던 시절이 있었습니다. 그런 풍경을 미국에서는 찾아보기가 어렵고, 이제 한국에서도 찾아보기가 어려울 것 같은데요. 필리핀의 민다나오에 가면 길거리에서 예배드리는 어린아이들을 만나 보실 수 있습니다. 말 그대로 광야 교회, 길거리 어린이 성경반이 매주 토요일 오전이면 길거리에서 열립니다. 길에 돗자리를 펴고, 수십 명의 아이들이 모여들어서 옹기 종기 앉아서 예배를 드리는 사진을 보면 가슴이 뭉클합니다.

지금 제가 살고 있는 버지니아의 교회들은 대부분 좋은 예배 환경을 갖춘 교회에서 아이들이 예배를 드리고 있습니다. 그러기에 어린아이들이 거리에서 예배드리는 열악한 모습에 먼저 안타까운 마음이 찾아 듭니다. 그러나 사진을 자세히 보고 찬양하는 동영상을 보면, 아이들의 얼굴은 해처럼 빛나고 기쁨으로 가득하며 소망을 품고 있습니다. 진지하게 기도하는 모습은 또 얼마나 사랑스러운지 모릅니다. 남루한 옷차림과는 대조적으로 찬양하는 얼굴에 기쁨이 넘치는, 하나님의 사랑을 받는 아이들입니다. 바로 이 아이들로부터 필리핀 마티나 크리스천 처치가 시작되었다고 합니다.

하나님께서 필리핀 땅을 향한 마음을 부어 주셔서 선교 훈련을 받고 파송을 받은 김종수 선교사님과 정이녀 선교사님께서 세은이와 세찬이를 데리고 필리핀 민다나오에 도착한 것은 2007년 1월. 그때부터 새벽마다 눈물을 쏟으며 하나님의 말씀을 전하고 영혼 구원을 할 수 있는 교회를 달라고 간절히 간절히 매달린 시간이 1년이 넘게 계속되었지만, 환경은 열리지 않았다고 합니다. 그 기간에 언어 훈련을 받아야 했지만 생활하기에도 턱없이 부족한 선교비로 인해 돈을 내고 하는 언어 훈련은 꿈도 꿀 수가 없었습니다. 그래서 선택한 방법이 현지어로 쓰인 성경을 무조건 읽고 외우는 것이었습니다. 그때는 언어 훈련을 제대로 못 받는 것이 안타까웠고 더딘 것처럼 느껴졌지만, 결국 시간이 지나면서 그 기간에 현지어로 읽은 성경과 암송한 성경 말씀들이 사역에 큰 힘이 되고 있다고 하며, 하나님 손에 들리면 모든 것이 선하게 사용되는 것에 감사를 돌리는 선교사님은 이제 현지어로 설교하는 것이 더 자연스러워 보입니다.

길거리 어린이 성경학교로 시작해서 개척한 교회가 성장하여서 두 번째, 세 번째 교회가 탄생하였지만, 두 번째 교회와 세 번째 교회는 교회를 지을 경제적 형편이 되지 않아서 아직도 가정 교회로 모여야 합니다. 여전히 민다나오의 7개 지역에서는 청년들이 길거리 어린이 성경학교를 토요일마다 지속적으로 운영할 수밖에 없는 상황이라고 합니다. 그러나 그렇게라도 예배를 드릴 수 있는 것에 감사했는데, 지금은 코로나로 길거리에서마저도 예배를 드릴 수 없어서 마음 아파 하시는 모습을 보며, 길거리 어린이 예배자들을 위해 간절히 기도하게 됩니다.

지금은 선교사님과 함께 사역하면서 훈련된 현지인 전도사님들이 현지 교인들을 돌보고 있습니다. 선교사님은 줌(zoom)을 통해서 현지 사역자들에게 세미나를 해주고, 큐티를 함께 하고, 신학교 강의와 예배를 매주 함께 드리면서, 현지 사역자들이 완전히 이양받아서 독립적으로 사역을 할 수 있도록 훈련을 계속하고 계시는데요. 지난주 수요일에 저도 신학교의 채플 예배에 참석할 기회가 있어서 함께 예배를 드렸습니다. 현지의 열악한 인터넷 환경과 성능이 떨어지는 컴퓨터, 그리고 핸드폰의 데이터를 아껴야 하기에 화면조차 켜지 못하고 예배에 참여해야 하는 학생도 있었습니다. 그러나 마음을 다해서 찬양 드리고 말씀을 듣는 모습이 은혜로웠고, 예배의 진행을 맡은 현지 학생이 잘 훈련되어 있는 것을 보면서 소망이 있는 신학대학이라는 확신이 들었습니다.

신학대학 학생들은 컴퓨터를 가질 형편이 되지 않아서 공부하는데 불편함을 겪습니다. 그 모습을 안타까이 여긴 선교사님이 한국 교회와 지인들을 통해서 컴퓨터를 기부받아서 신학대학생들에게 전달해 주며 학문에의 열정에 불을 지펴 주시는 모습도 감동으로 다가왔습니다.

몸은 한국에 있지만, 여러 개의 성경 공부반을 운영하고, 성경 통독반과 세미나, 선교 훈련 등을 지속적으로 하면서 필리핀 사역을 이어 가는 가운데 선교사님은 필리핀 복음주의 신학대학교의 학장이라는 중책까지 맡게 되셨습니다. 코로나로 모든 것이 어려워진 기간에 시작된 학장의 자리이기에 그 어떤 때보다도 마음의 부담도 클 것입니다. 새로운 방향을 모색해야 하는 시점이기도 해서인지 며칠 전에 본 선교사님의 모습이 잠깐 사이에 10년의 세월이 흘러간 듯한 얼굴이어서 안타까운 마음을 금치 못했습니다. 선교의 사명이라는 것이 정말 십자가를 지고 가는 길이구나 하는 생각이 저절로 들었습니다.

필리핀에서 사역하는 동안 댕기열에 걸려 고열에 시달리며 사경을 헤매다가 나중에는 일어설 힘조차도 없을 정도로 고생하셨던 경험을 얘기해 주셨는데요. 지금 필리핀에 들어가지 못하는 안타까움이 마치 댕기열을 앓는 것처럼 힘든 일인가 보다 하는 생각도 들었습니다. 선교사님이 어떻게든지 필리핀에 들어갈 방법을 찾고 계실 때, 선교사님의 속도 모르는 저는 왜 꼭 필리핀으로 들어가셔야 하냐고, 한국이나 다른 곳에서 사역을 하면 안 되느냐고 질문한 적이 있었습니다. 지금 생각해 보면 그건 마치 열렬히 사랑하는 연인들에게 왜 꼭 이 사람이어야 하냐고 물어 본 것과 같은 어리석은 질문이었던 것 같습니다.

선교사님이 적극적이고 열정적인 성품인 것은 익히 알고 있었습니다. 선교사님은 한국에 계시는 동안 그 어느 때보다도 더 열심히 더 많은 시간 동안 현지인들을 교육하면서도, 한국에 있는 교회들과 지인들을 찾아다니면서 동역을 부탁하십니다. 코로나로 생계를 위협받으며 고통 받고 있는 현지 교인들에게 구호 물품을 보내 주는 사역을 하기 위해서입니다. 1차, 2차, 3차, 4차로 계속 이어지는 구호 물품 사진들을 보내 주실 때마다 그 열정에 감동했습니다.

그러나 한편으로는 쌀과 말린 생선, 과일 등을 받고 기뻐하는 현지인들의 환한 모습과 대조적으로 금방이라도 쓰러질 것 같은 열악한 환경의 사진과 헌 옷가지를 걸쳐 입은 그들의 모습을 보는 것은 제 마음을 아프게 했습니다. 제 마음이 이렇게 아픈데 그 땅을 사랑하고 그들을 믿음 안에서 낳은 자녀로 생각하는 선교사님의 마음은 또 얼마나 아프실까 감히 헤아려 보기도 했습니다.

어느 날, 미국에 있는 저에게 선교사님께서 연락을 주셨습니다. 신학대학원에 입학해서 공부를 해야 하는데 입학금을 낼 형편이 되지 않는 현지 전도사님을 도울 방법을 찾고 있다는 말씀이었습니다.

술과 마약에 중독된 아버지와 정신 이상으로 자신도 추스릴 수 없는 어머니, 돌보아야 할 동생들과 함께 살면서 예수 그리스도를 품은 소망으로 살아가고 있는 스물네 살의 제니 쟈 전도사님이 이제 신학대학교를 졸업하고 신학대학원을 가려고 하는데, 이 일에 도움의 손길이 필요하다는 이야기였습니다. 현지 교인들을 잘 섬기고 선교사님의 사역을 열심히 돕는 귀한 전도사님이지만, 아직 20대 초반인 제니 쟈 전도사님이 혼자 견뎌 내기엔 가혹한 현실 앞에서, 선교사님께 전화해서 눈물을 쏟으며 힘겨움을 하소연할 때마다 함께 기도하고 위로하며 이겨 내도록 격려해 주지만, 경제적인 도움도 절실하다는 것입니다.

이 이야기를 전해 들으면서 저 또한 불우한 환경에 눈물 흘리고, 대학 등록금이 없어서 힘들었던 시절이 생각났습니다. 다행히 필리핀의 신학대학원비가 미국이나 한국만큼 비싼 것은 아니어서 바로 첫 입학금을 보내 드릴 수 있었고, 몇 달 후 한 학기를 잘 마쳤다는 기쁜 소식도 전해 들었습니다. 술과 마약에 찌든 아버지, 정신이상을 앓고 있는 어머니, 도움이 필요한 동생들, 녹록치 않은 삶의 무게에도 어린 제니 쟈 전도사님이 잘 이겨 내고 예수님의 제자로 설 수 있도록 예수님께서 만나 주셨습니다. 전도사님이 흔들릴 때마다 선교사님을 통해서 붙들어 주시고 계심을 보면서 떠오르는 찬양, "항해자"를 함께 부르면서, 잠시 제니 쟈 전도사님을 향한 하나님의 뜻이 다 이루어지기를 기도해 주시면 좋겠습니다.

> "내가 붙드는 나의 종, 내 마음에 기뻐하는 자 곧 내가 택한 사람을 보라 내가 나의 영을 그에게 주었은즉 그가 이방에 정의를 베풀리라 그는 외치지 아니하며 목소리를 높이지 아니하며 그 소리를 거리에 들리게 하지 아니하며 상한 갈대를 꺾지 아니하며 꺼져가는 등불을 끄지 아니하고 진실로 정의를 시행할 것이며 그는 쇠하지 아니하며 낙담하지 아니하고 세상에 정의를 세우기에 이르리니 섬들이 그 교훈을 앙망하리라 하늘을 창조하여 펴시고 땅과 그 소산을 내시며 땅 위의 백성에게 호흡을 주시며 땅에 행하는 자에게 영을 주시는 하나님 여호와께서 이같이 말씀하시되 나 여호와가 의로 너를 불렀은즉 내가 네 손을 잡아 너를 보호하며 너를 세워 백성의 언약과 이방의 빛이 되게 하리니 네가 눈먼 자들의 눈을 밝히며 갇힌 자를 감옥에서 이끌어 내며 흑암에 앉은 자를 감방에서 나오게 하리라"(사 42:1-7).

복음주의 선교대학이라는 이름에서부터 느껴지듯이, 이 학교를 졸업한 학생들의 78퍼센트는 사역의 현장과 선교의 현장에 나가 있다고 합니다. 전 세계적으로 무슬림 인구가 점점 늘어나고 있는 요즈음, 필리핀 중에서도 무슬림들의 본고장과 같은 민다나오에서 무슬림으로 살다가 예수님을 만난 젊은이들이 신학생이 되어서 교육을 마치고 나서는 무슬림 지역인 자신의 고향으로 돌아가서 복음을 전하는 사역을 하는 학생들이 많다고 합니다. 그래서 선교사님은 복음주의 선교대학이 무슬림 세력의 확장을 막아 내는 교두보의 역할을 감당할 수 있도록 성경적 세계관을 확실하게 확립시켜 주는 교육에 가장 중점을 두고 있습니다. 아울러 선교 훈련을 강화해서 모두가 선교사가 되어 파송될 수 있도록 훈련하고 있으며, 나아가 전 세계 어디에서라도 사용할 수 있는 탄탄한 영어 실력을 만들어 주기 위해 다음 학기부터는 ESL 과정도 시작할 계획을 세우고 계셨습니다.

전 세계에 나가 있는 필리핀 노동자가 천만 명을 넘고 있고, 그들 중에 열심히 선교 사역을 하는 평신도들도 많습니다. 복음주의 선교대학에서 제대로 훈련을 받은 신학생들을 선교사로 파송하는 일이 세계 복음화에 중요한 역할을 감당할 리더를 파송하는 일임을 믿어 의심치 않는 선교사님의 비전이 이루어지기를 기도합니다.

현재는 신학대학 하나만 있는 대학이지만 점차로 신학대학원까지 갖춘 명실상부한 세계 선교의 전초 기지로서의 역할을 감당할 학교로 성장하는 모습을 기대하게 되었습니다.

김종수, 정이녀 선교사님에게 필리핀은 하나님이 주신 비전 하나 붙들고 밟은 땅이며, 막내아들 세찬이가 태어난 땅이고, 한 가정 한 가정, 가가호호 방문하며 축복하며 전도하여 가슴으로 낳은 믿음의 자녀들이 있는 땅이었습니다. 더 나아가 이제는 복음주의 선교대학의 학생들이 필리핀을 넘어 이방의 빛으로 나아가도록 복음의 전초 기지가 되는 거룩한 사명의 땅이 되었습니다.

선교는 하나님께서 하십니다. 그 선교 사역에 하나님은 우리를 초청하고 계십니다. 김종수 선교사님 같은 분은 먼저 하나님의 부르심에 순종하여 앞장서는 분들이고, 저와 애청자 여러분은 먼저 앞장선 분들의 사역을 지원하며 합력하여 선교를 완성해 나가야 한다고 믿습니다.

길거리에서 예배를 드리고 있는 어린아이들에게 예배 처소를 마련할 한 장의 벽돌을 보내 줄 동역자를 찾으시는 하나님, 제니 쟈 전도사님과 같은 학생들을 도와 사역자를 양성하실 귀한 동역자를 찾으시는 하나님의 부르심에 반응하여 우리 또한 이방의 빛이 되는 삶을 살아 내기를 소망합니다. 찬양 "예수 열방의 소망" 올려 드립니다.

필리핀의 길거리에서 하나님의 비밀 병기들이 성장하고 있다는 생각이 들면서 떠오른 말씀이 있습니다.

"그러나 하나님께서 세상의 미련한 것들을 택하사 지혜 있는 자들을 부끄럽게 하려 하시고 세상의 약한 것들을 택하사 강한 것들을 부끄럽게 하려 하시며 하나님께서 세상의 천한 것들과 멸시 받는 것들과 없는 것들을 택하사 있는 것들을 폐하려 하시나니 이는 아무 육체도 하나님 앞에서 자랑하지 못하게 하려 하심이라"(고전 1:27-29).

길거리 어린이 성경학교에서 시작된 작은 교회가 성령의 불씨가 되어 필리핀의 영혼들을 깨우고 있는 것을 봅니다. 그리고 필리핀을 성령의 불이 붙은 제단으로 삼아 온 열방에 성령의 불이 퍼져 가도록 역사하시는 하나님의 계획을 봅니다. 그 계획에 우리의 시선을 고정시키고 성령께서 변화시켜 주시는 마음에 따라 순종하여 행하면, 우리의 삶 안에서도 하나님께서 일하기 시작할 줄 믿습니다.

17.
하나님의 악기 쇼파르

– 윤창재

"그러므로 함께 하늘의 부르심을 받은 거룩한 형제들아 우리가 믿는 도리의 사도이시며 대제사장이신 예수를 깊이 생각하라 그는 자기를 세우신 이에게 신실하시기를 모세가 하나님의 온 집에서 한 것과 같이 하셨으니 그는 모세보다 더욱 영광을 받을 만한 것이 마치 집 지은 자가 그 집보다 더욱 존귀함 같으니라"(히 3:1-3).

영을 깨우는 소리, 쇼파르 양각 나팔 소리가 어떠셨나요? 하나님의 악기라고도 불리는 양각 나팔 쇼파르는 순양이나 염소의 뿔로 만든 관악기로, 구약성경 출애굽기에서 처음 언급되었습니다.

쇼파르는 이스라엘의 역사와 그들의 삶에서 매우 중요한 역할을 담당했습니다. 우선 유대교의 중요한 축일과 속죄일에 사용되었고, 자연재해와 전쟁을 알렸으며, 오늘날에도 여전히 세계 각지의 유대인 회담과 예배당에서 연주되고 있습니다.

쇼파르는 성경에서 모두 72회 언급되고 있는데, 주로 세 가지 맥락, 즉 초자연적인 계시의 순간과 전쟁과 관련하여 그리고 여호와를 경배할 때 등장합니다. 다윗 시대를 정점으로 하나님을 찬양하는 데 빠지지 않고 연주되었던 양각 나팔은 제사장의 악기였으며 찬양 속에서 하나님의 임재를 나타냅니다. 하나님께서 직접 무너뜨려 주신 여리고 성 이야기에도 이 양각 나팔 쇼파르가 등장합니다.

여호수아 6장에는 이렇게 기록되어 있습니다.

"7일째 되는 날에는 제사장들이 나팔을 부는 가운데 너희가 그 성을 일곱 바퀴 돌아야 한다. 제사장들이 나팔을 한번 길게 불면 모든 백성이 큰 소리로 외치게 하라. 그리하면 성벽이 무너져 내릴 것이다."

이 말씀대로 여호수아는 일곱 제사장을 불러서 여호와의 언약궤 앞에서 일곱 양각 나팔을 불게 하며 이스라엘 백성에게 여리고 성을 돌게 했습니다. 그리고 하나님의 말씀처럼 여리고 성은 저절로 무너져 내렸습니다.

2천 년 전에 여리고 성을 무너져 내리게 한 양각 나팔 쇼파르가 지금 이 시대에는 무엇을 무너져 내리게 하고 있을까요? 크리스천 앞을 막아선 견고한 성 여리고는 지금 우리 시대에 무엇에 해당할까요? 지금은 아마도 많은 분들이 코로나 바이러스라고 말할 것 같습니다.

코로나로 인해 예배가 중단되고 성도들이 교회를 떠나고 있다는 염려들이 많은 가운데, 양각 나팔 소리로 코로나에 대한 두려움을 무너뜨리고 지혜롭게 방역 지침을 지키며 신령과 진정으로 예배를 드리고 있는 교회 워싱턴 순복음제일교회에서는, 양각 나팔 쇼파르 소리로 하나님의 임재를 알리며 사람들의 마음속에 있는 두려움과 낙심의 여리고 성을 무너뜨리고 오직 예수님으로 인해 기뻐하는 믿음에 대한 말씀이 선포되고 있었습니다.

사전 정보 없이 우연한 기회에 워싱턴 순복음제일교회에 주일 예배를 드리러 갔습니다. 비록 마스크를 썼지만 이전보다 더 뜨거운 열기로 성도들이 함께 찬양하는 모습에 놀랐습니다. 예배 가운데 울려 퍼지는 양각 나팔 소리에 전율이 일고, 영적인 부흥을 눈으로 본다는 것이 이런 것이구나 하는 생각이 들었습니다. 예수님께만 집중되어 있는 설교 말씀을 '아멘'으로 화답하며 듣고, 찬양과 기도 가운데 간절히 녹아 있는 선교에 대한 열정에 감동이 밀려왔습니다. 마치 심장이 바깥으로 튀어나올 것 같다고 느낄 정도로 뜨거운 찬양을 올려 드리고 나서 회개와 감사 그리고 비전으로 충만한 예배를 드렸습니다.

예배를 마치고 집에 오니 몸은 젖은 솜처럼 늘어져 눕고만 싶은데 마음은 마치 하늘을 날 것만 같이 가벼웠습니다. 분명 조용한 집안에 있는데도 영을 깨우는 소리, 예수 그리스도께서 곧 오신다고 알리는 소리, 하나님께서 지금 이 자리에 계신다는 것을 알리는 쇼파르 소리가 귓전을 맴돌았습니다. '지금 내 삶은 하나님께서 여리고 성을 무너뜨려 주고 싶을 만큼 여호수아처럼 순종하고 있는가' 질문하며 설교 말씀을 떠올렸습니다.

"예수를 너희가 보지 못하였으나 사랑하는도다 이제도 보지 못하나 믿고 말할 수 없는 영광스러운 즐거움으로 기뻐하니 믿음의 결국 곧 영혼의 구원을 받음이라."

순복음교회 윤창재 목사님은 베드로전서 1장 8-9절 말씀을 본문으로, 베드로전서가 쓰인 로마의 황제 네로 시절에 크리스천이 당했던 처참한 박해를 예로 들어 말씀하셨습니다.

"지금 우리가 그때보다 힘들까요? 베드로전서를 편지로 받았던 소아시아 지역의 성도들은, 어제까지 함께 예배를 드리던 친구가 예수를 믿는다는 이유만으로 길가의 가로등이 되어 불에 타 죽는 모습을 보아야만 했습니다. 그런 장면을 보면서도 끝까지 예수님을 사랑했고 믿었으며 예수님으로 인해 기뻐했습니다. 우리도 이러한 믿음으로 예수님을 더욱 사랑할 수 있도록 성령님의 역사와 성령 충만이 필요합니다."

예수님을 사랑함, 예수님을 믿음, 예수님으로 인해 기뻐함. 윤창재 목사님의 설교의 요지가 적힌 주보를 읽고 또 읽으며, 베드로에게 물으셨던 예수님의 질문을 작은 소리로 되어 보았습니다.

"네가 나를 사랑하느냐?"

18.
굳은 마음을 제하고
부드러운 마음으로

– 김진수

며칠 전에 부흥 집회를 마친 후 은혜를 나누는 간증 모임에 참석했습니다. 수요 예배를 마치고 나서 10여 명이 모여서 한 사람 한 사람 3일간의 예배를 통해 받은 은혜를 나누어 주셨는데요, 사연들마다 하나님께서 얼마나 섬세하고 사랑이 많으신 분인지 그 선하심과 인자하심과 긍휼하심을 나누어 주는데 감사가 절로 나왔습니다. 부흥 집회 기간에 미시간을 다녀와야 했던 저는 참석을 하지 못했지만, 이분들의 나눔을 들으며 마치 예배가 영화의 한 장면처럼 펼쳐졌습니다. 그중에서 김진수 집사님의 간증을 읽어 드리겠습니다.

"믿음은 바라는 것들의 실상이요 보이지 않는 것들의 증거니 선진들이 이로써 증거를 얻었느니라."

10년 가까이 간절히 원하는 기도 제목이 있습니다. 어릴 때부터 교회는 다녔으나 기도와 말씀도 모르고 또 그닥 알고 싶지도 않은, 그저 출석만 하는 자였지요. 만약 그 기도 제목이 없었다면 절대로 하나님께 무릎 꿇고 기도하는 자가 되지 못했을 것이고, 간절히 주님 알기를 원하지도 않았을 겁니다.

첫째 날 목사님이 안수기도를 해주시면서, 전 아무 말도 안 했는데 '오랫동안 기도하는 그 기도 제목을 보지 말고 그 위에 계신 크신 하나님을 바라보라'는 말씀과 '믿음은 바라는 것들의 실상'이라는 말씀에 아직도 해결되진 않았지만 이 고난이 축복임을 확실히 깨닫고 '아멘'으로 이미 응답 받았음을 고백합니다.

이러한 집회는 처음이고 낯설었기에, 제 몸이 휘청임을 느끼고 넘어가지 않으려 엄지발가락에 얼마나 힘을 주고 버텼는지 모릅니다. 하루하루를 컴퓨터로 드라마를 보고 오락 유튜브로 반나절을 보내는 저에게 '눈으로 보는 것으로 죄짓지 말라'는 무서운 목사님. 저를 하루 종일 지켜본 것같이 말씀하셔서 정말 무서웠어요. 마지막 날 아이 셋 데리고 온 엄마에게 임재 기도를 해주실 때 '아이에게 잘했다고 칭찬해 주라'는 말씀에, 이미 대학교도 졸업한 아이들에게 칭찬을 안 하고 늘 지적하기만 했던 저 자신이 보여서 얼마나 통곡을 했는지 모릅니다. 어제 남편과 딸과 점심식사를 하며 미안하다고 사과를 했어요. 아마 사과란 걸 처음 한 것 같아요. 아직 아들에게 못 했지만 공부 끝나고 돌아오면 하려고 합니다.

이 간증을 들으면서 에스겔서 말씀이 생각이 났습니다.

> "또 새 영을 너희 속에 두고 새 마음을 너희에게 주되 너희 육신에서 굳은 마음을 제거하고 부드러운 마음을 줄 것이며 또 내 영을 너희 속에 두어 너희로 내 율례를 행하게 하리니 너희가 내 규례를 지켜 행할지라"(겔 36:26-27).

성령께서 임하시면 부드러운 마음이 되며 그 율례를 지켜 행하게 된다고 했습니다. 김진수 집사님의 마음이 눈물로 부드러워지시고 사과를 통해 가족 간의 회복과 치유 화합이 있도록 사랑의 율례를 행하셨으니 예배 승리, 인생 승리의 한 예로 보여서 듣는 저까지도 감사가 넘쳤습니다.

김진수 집사님은 평소에 찬양할 때는 물론이고 다른 사람의 이야기를 들을 때도 금세 눈물이 글썽글썽해지고 공감하고 격려하는 분이어서 주위 사람들에게 위로가 되고, 분위기를 화기애애하게 만드는 은사가 있는 분입니다. 이번에도 진솔하게 나눠 주셔서 일반적이지 않은 형식의 예배에 대한 거부감 없이 예배 가운데 역사하신 하나님을 찬양하며 공감하며 감사할 수 있었습니다.

> "하나님은 영이시니 예배하는 자가 영과 진리로 예배할지니라"(요 4:24).

우리의 마음을 다 아시는 하나님께서는, 형식보다도 예배드리는 사람의 작은 신음까지도 헤아리고 차마 입에 올리지 못한 기도까지도 들으신다는 것을 간증 나눔 시간을 통해서 다시 한번 확인하면서, 그 시간을 함께한 사람들에게는 또 한 번 기쁨의 부흥의 시간이 되었습니다.

19.
찬양의 골짜기

– 곽구원

"여호사밧은 백성들과 의논한 다음에, 노래하는 사람들을 뽑아 거룩한 예복을 입히고, 군대 앞에서 행진하게 하였다. 그는 또 노래하는 사람들이 '주님께 감사하여라. 그의 인자하심이 영원하다' 하면서, 주님을 찬양하게 하였다. 노래하는 사람들이 그렇게 노래를 부르니, 주님께서 복병을 시켜서 유다를 치러 온 암몬 자손과 모압 자손과 세일 산에서 온 사람들을 치게 하셔서, 그들을 대파하셨다."(대하 20:21-22, 새번역)

미국은 코로나 백신을 1회 이상 접종한 사람들이 50퍼센트를 넘어섰으며, 2차까지 접종을 완료한 사람은 5월 26일 기준으로 40.2퍼센트라고 집계하고 있습니다.

저희 가족도 모두 2차 접종까지 완료했지요. 접종을 완료한 사람이라면 이제 마스크를 쓰지 않아도 되는 장소들이 많아졌습니다. 저는 더워진 날씨에 갑갑한 마스크를 쓰지 않아도 되어서 좋은데, 계속해서 마스크를 벗지 않고 쓰겠다는 미국 사람들이 많다는 기사를 보았습니다. 이유는 억지로 웃지 않아도 되고 자기의 표정을 들킬 염려가 없어서 더 자유롭다는 것입니다.

점점 사람 사이에 소통과 대화가 줄어드는 상황에서 이제는 아예 자기의 표정을 감추고 사는 게 편하다는 사람들이 늘어난다는 것이 안타까웠는데, 같은 신문에 마스크에 대한 또 다른 기사를 보고는 마음이 더 불편해졌습니다. 한국에서는 백신을 접종하지도 않은 사람이 마스크를 벗고 다닐까 봐 걱정이 돼서 접종을 마친 사람들에게 마스크를 벗게 할 것인가 말 것인가에 대한 논란이 있다는 기사였습니다. 한국은 5월 26일 기준으로 1차 접종 완료가 7.8퍼센트이고 2차 접종 완료는 3.9퍼센트인 상황에서 접종 후에 규제 완화를 어떻게 할 것인가에 대한 의견이 분분한 것을 기사로 올려놓은 것이었습니다.

백신을 접종했는지 안 했는지 외관상으로는 구별할 수가 없기 때문에 행정력을 동원해서 제재를 할 수가 없으므로 규제를 빨리 완화하면 안 된다는 기사를 보면서, 공공의 이익과 다른 사람들의 입장은 배려하지 않고 자기가 살고 싶은 대로 살기만 바라는 이기적인 사람들 때문에 다른 사람들까지도 계속 불편하게 마스크를 쓰고 살아야 한다는 것이 씁쓸하고 답답한 마음이 들었습니다.

그런데 이렇게 답답한 제 마음을, 여름철 더위를 식혀 주는 얼음 냉수처럼 시원하게 해준 만남이 있었습니다. 찬양을 들은 후에 보스턴에서 버지니아까지 매 주말마다 비행기를 타고 오가며 교회에 예배를 세워 가고 있는 버지니아 챈틀리에 소재한 리빙 교회의 곽구원 예배사역자를 만난 이야기를 들려드리겠습니다.

얼마전에 리빙 교회에서 청년들이 특별 찬양 예배를 드린다는 안내문을 보았습니다. 청년들이 대견해서 음료수라도 사주며 격려하고 싶은 마음에 리빙 교회를 방문했는데요. 교회 성전에 들어서는 순간 탄성이 절로 나왔습니다. 당연히 있어야 할 것 같은 나무로 된 큰 강대상이 보이지 않았습니다. 그리고 마치 콘서트장에 온 것처럼 악기와 마이크, 영상 카메라들이 잘 정돈된 모습으로 강대상 대신 자리 잡고 있었습니다. 조명 효과를 위한 장비들도 다양하게 보였습니다.

코로나를 지나면서 어려움을 겪고 있고 대면으로 모이는 성도들이 없다는 소식을 전해 들어서, 내심 제 마음 한구석에는 교회가 왠지 썰렁한 느낌이 들 거라는 생각을 했었습니다. 그래서 나라도 예배의 자리에 함께해야겠다는 마음으로 방문한 것이었어요. 그런데 너무도 달라진 모습에 크게 놀랐습니다. 성전에는 활기차고 생기있는 젊은 감각이 흘러넘치고 있었습니다. 누가 이렇게 리모델링을 했는지 물어 보니 이제 2000년생인 곽구원 형제의 작품이란 대답이 돌아왔습니다.

곽구원 형제님은 보스턴에 있는 버클리 음대를 다니는데, 주말마다 비행기를 타고 와서 예배를 섬기고 다시 보스턴으로 돌아간다는 이야기도 들었습니다. 젊은 청년이 열심을 넘어 특심으로 섬기고 있는 이유가 무엇인지 궁금해져서 구원 형제님과 꼭 이야기를 나누고 싶어졌습니다. 그래서 음료수만 사주고 올 계획에서 찬양 리허설을 마실 때까지 기다렸다가 인터뷰를 하고 오는 것으로 계획을 바꿨습니다.

리허설이 끝나고 구원 형제와 1시간 가까이 인터뷰를 하고 난 후에는, 우리 셋째 아들보다 나이가 적은 이 젊은 형제에게 존경의 마음까지 갖게 되었는데요. 그런 마음이 든 것은 무엇을 이뤄냈거나 음악적 천재성 혹은 멀리 보스턴에서도 주말마다 오는 열심 때문이 아니었습니다. 대화 중에 느낀 구원 형제의 겸손함과 비전 때문이었습니다.

곽구원 형제가 섬기는 교회는 성도님들이 많지 않은 상황에서 코로나 사태를 맞이했습니다. 교회가 이런저런 어려움을 겪자 변화가 필요하다고 생각했다고 합니다. 5년 후, 10년 후를 바라보며 교회에 예배를 세우고 다음 세대들이 연합하여 예배드리는 날을 꿈꾸며 성전을 다음 세대들이 모일 수 있는 공간, 그리고 라이브 방송으로 송출하기에 적합한 공간으로 바꿔 나갔습니다. 시간과 물질과 마음으로 헌신한 것도 정말 귀한 일이고 아름답고 존경할 만한 일이지만, 예배를 섬겨 나가면서 바뀐 마음은 더 감동스러운 전율이 왔습니다.

"솔직히 유명해지고 싶고 멋지게 뭔가 해내고 싶은 생각이 없었다고 말하면 거짓말이죠. 그런데 예배를 섬기다 보니 이제는 그런 게 중요한 게 아니라 하나님의 영광을 위해서 찬양을 하는 사람이 되고 싶다는 마음이 들었습니다."

곽구원 형제님이 찬양을 통해 올려 드린 가사 내용 그대로 형제님의 기도가 되어서 하나님의 보좌 앞에 올려 드리고, 그 예배를 받으신 하나님의 마음이 형제님에게 그대로 부어졌기 때문에 할 수 있는 고백이라는 마음이 들었습니다. 예배 실황을 유튜브를 통해서 생방송으로 전송하면서 온라인 성도가 생기고 온라인 헌금도 들어오고 있다는 구원 형제는, 이 모든 일이 하루아침에 된 것이 아니며, 앞으로 교회가 나아가야 할 방향과 다음 세대들이 교회 안으로 들어오게 하기 위해서는 어떻게 해야 할지 끊임없이 오랫동안 기도하고 미리 준비했기 때문에 가능한 일이라고 했습니다.

유럽 교회들이 술집으로 바뀌고 전 세계 많은 교회에서 젊은이들을 찾아볼 수 없어 한탄하는 시대입니다. 그래서 더욱 예배 드리길 원하는 청년들이 귀합니다. 그리고, 청년이 직접 청년들을 세우고 싶어서 헌신하는 모습은 더욱 더 귀합니다. 청년들의 축복의 통로가 되길 원하는 곽구원 형제의 소망대로, 리빙 교회가 흩어져 방황하는 이 지역의 젊은이들을 섬기고 제자로 훈련시키는 교회가 되면 좋겠습니다. 그리고 구원 형제의 꿈을 하나님의 전능하신 손으로 이루어 주시길 기도드립니다.

20.
내 마음의 다림줄

- 홍아리엘

고등학교 1학년 때, 예수님을 개인의 구주로 영접하고 2007년 10월 31일에 살아 계신 하나님을 만났습니다. 하나님은 저의 필요를 채우시고 저를 위해 모든 것을 예비하신 좋은 아버지가 되어 주셨습니다. 하나님을 만나고 나서는 교회를 삶의 중심으로 삼고 살기 시작했습니다.

그러다가 2016년 3월에 무릎 십자인대가 파열되어 수술을 하게 되었습니다. 미국 경찰이 되기 위한 시험을 보다가 인대가 파열된 것입니다. 체력 시험 마지막 단계인 150파운드의 모래 더미를 승용차 안에서 끌어내는 미션을 하는 도중에 무릎을 살짝 스치면서 인대가 파열되었습니다.

하나님께서 아브라함에게 지시한 땅으로 가라고 하신 것처럼 제게도 한국에서 미국으로 가도록 지시하셔서 미국에 왔습니다. 그리고 미국 군대로 인도한다는 확신을 주셔서 미국 육군이 되었습니다. 미국 군대에 가서 베이직 트레이닝 18주를 마치자마자 아이를 임신하였습니다. 만 40세의 나이에 아이를 낳고 보니 군대에 있는 것이 부담이 되었습니다. 다른 불편한 일은 다 참는다 해도 파병을 가는 일은 견딜 자신이 없었습니다. 젖먹이 아이를 떼어 놓고 아프카니스탄으로 가야 할 상황이 다가오는데 피하고 싶었습니다. 그래서 군인 대신 미국 경찰이 되어야겠다는 생각을 했습니다. 경찰은 파병이 되지 않고 나라를 위해 일하는 직업이기 때문에 선택한 것입니다.

미국 경찰 모집요강에는 군인 출신이고, 한국어를 구사할 줄 아는 마이너리티 여성인 저 같은 사람이 꼭 필요한 인재라고 적혀 있었습니다. 나름 자신감이 넘쳐서 서류 전형과 시험을 패스하고 당연히 경찰이 될 기대를 하고 있었습니다. 그런데 십자인대가 끊어져서 수술을 하게 되니 크게 낙심이 되었습니다.

'내가 가야 할 길이 경찰이 되는 길이 아니어서 하나님께서 막으신 걸까? 그렇다면 하나님께서 내게 가라고 하시는 길은 무엇일까?'

계속 생각하며 하나님께 응답을 구했습니다.

수술 후에 움직일 수 없을 때 침상에 누워 계속 반복해서 불렀던 찬양이 "시선"이었습니다.

'모든 시선을 하나님께 드린다는 것, 그리고 그것을 삶으로 살아낸다는 것은 실제적으로 어떤 모습으로 산다는 것인가요?'

하나님께 묻고 또 물으며 기도할수록 하나님을 더 알고 싶다는 갈급함이 커졌습니다. 결국 목발을 짚고 걸을 만해지자마자 선교 훈련을 신청했습니다. '선교한국'에서 진행하는 퍼스펙티브스 선교 훈련을 받기 위해 30분 거리에 있는 교회로 갔습니다. 그동안 여러 가지 다양한 프로그램으로 선교 훈련을 받아 왔던 터라, 내용은 새로울 것이 없었습니다. 그래도 하나님의 응답을 기다리는 갈급한 심정이었기에 수업에 온 마음을 집중했습니다.

강사로 오신 한철호 선교사님이 강의하는 시간에 갑자기 성경 한 구절이 살아서 움직이듯 내 눈앞에 펼쳐졌습니다. 눈앞이 환해지는 느낌을 받으며 갑자기 앞으로 어떻게 살아야 할지 깨달아졌습니다. 요한복음 3장 35절 말씀이었습니다.

"아버지께서 아들을 사랑하사 만물을 다 그의 손에 주셨으니."

이 말씀이 살아서 제 마음을 깨우고, 영안을 열어 주는 느낌이었습니다. 그때까지 제가 제일 좋아했던 말씀은 요한복음 3장 16절이었습니다.

'하나님이 아리엘을 이처럼 사랑하사 독생자를 주셨으니…'

많은 성도들이 '세상'이라는 단어 대신 자신의 이름을 넣어서 읽으며 힘을 얻는 요한복음 3장 16절은 유명한 성경 구절입니다. 유명한 말씀답게 말씀의 능력도 강력하게 제 삶에 임했습니다. 이 말씀이 믿어지면서 위로가 되고 마음이 치유를 받았습니다. 그래서 결혼식도 3월 16일에 하고, 316이란 숫자만 보면 기분이 좋아졌습니다. 저를 사랑하는 하나님께서 끊임없이 부어 주시는 사랑에 마냥 행복한 아이, 저는 그렇게 어린아이처럼 신령한 젖을 사모하며 말씀을 먹었고, 신학교에 갔으며, 행복감에 젖어 있었습니다. 그런데, 선교 훈련 시간에 요한복음 3장 16절이 아닌 요한복음 3장 35절이 저에게 말을 걸어오는 것 같았습니다.

"아리엘! 하나님 아버지께서 십자가를 지고 죽기까지 순종하신 그 아들 예수님을 사랑하셔서 만물을 그 손안에 주셨어. 아리엘 너도 그 만물 중에 하나란다."

'아…나의 주인이 예수 그리스도시구나!' 귀로 듣고 입으로 시인했지만 마음으로 깊이 깨닫지 못했던 그 진리가 마음 깊이 새겨졌습니다. 저는 철없는 어린아이처럼, 저를 사랑하시는 하나님이라고만 생각하며 제가 원하면 하나님께서 무엇이든 해주실 거라고 믿고 하나님께 제 유익을 구하는 삶을 살고 있었습니다. 진짜 어린아이처럼 살았습니다.

"하나님, 이제 더 이상 부드러운 음식만 먹어야 하는 영적 어린아이가 아닌 예수 그리스도의 장성한 분량만큼 자라나는 하나님 딸이 되고 싶습니다. 이제 정말 나의 구원자이신 예수님을 영광을 나타내는 삶을 살고 싶어요…."

저의 이러한 바람은 예수님의 지상 명령이신 선교에 관심을 깊이 가지도록 이끌었습니다. 마음이 확정되고 나자, 무릎 수술 후 낙심했던 마음이 사라졌습니다. 선교 훈련을 열심히 받고 단기선교를 다녀왔습니다. 교회와 선교사님들을 섬기는 일을 하면서 생기있고 활기찬 생활로 돌아왔습니다. 하다가 멈추었던 신학 공부도 다시 시작했습니다. 꺼져 가는 촛불처럼 힘이 없던 제 영이 활활 타오르는 장작불처럼 살아나는 것을 느꼈습니다.

저는 지금도 제 신앙의 모습을 요한복음 3장 35절을 통해 점검합니다. 혹시나 제가 '예수'님을 내 유익의 도구로 사용하고 있지는 않는지 살펴봅니다. 지금 주어지는 사역을 하는 이유가 내가 인정받고 싶은 욕망에서 나온 것은 아닌지 요한복음 3장 35절 말씀에 비추어 살펴봅니다. 제가 주님 손안에 있는 만물 중의 하나인 피조물임을 선택의 순간마다 기억하려고 합니다.

'태초에 하나님이 천지를 창조하시니라! 아버지께서 아들을 사랑하사 만물을 그 손안에 주셨으니!'

신분을 생각한다면 창조주 하나님과 피조물인 저는 하늘과 땅이 다름같이 달라야 합니다. 그럼에도 불구하고 자녀 삼아 주신 은혜에 감사하고 기뻐하고 기도하며 사는 오늘은 하나님이 주신 선물입니다. 이 시간에 오늘을 선물하신 하나님께서 말씀의 다림줄을 주셔서 흔들리지 않는 하나님의 기업이 되게 하신 것을 돌아보니, 말씀이 더욱 소중하게 느껴집니다. 여러분이 만들어 가고 있는 인생의 다림줄은 무엇인가요? 답이 바로 나오지 않는다면, 잠시 시간을 내어 흔들리지 않는 인생을 만들어 가기 위한 다림줄을 점검해 보면 좋겠습니다.

Part 2.

스마트한
온라인 선교

1. 교회 사역에서 누린 기쁨과 감사

내가 교회에서 한 첫 번째 봉사는 '하늘뜨락'이라는 교회 북카페에서 책을 판매하는 일이었다. 토요일마다 봉사를 했는데, 덕분에 좋은 신앙 서적들을 다양하게 마음껏 읽을 수 있었다. 봉사가 아니라 내 인생의 선물이 되었다.

내가 가장 잊지 못하는 사역을 꼽으면, 유아부 교사로 여름 성경학교를 섬겼을 때이다. 여름 캠프에서 한 섹션을 맡아 보면 어떻겠느냐는 전도사님의 말씀에 순종하고 기도를 드렸다. 어떤 프로그램을 진행해야 할지에 대해 기도하다가 어린이 선교사 교육을 하면 좋겠다는 마음이 들었다. 그래서 서너 살 아이들의 수준에 맞게 선교에 대한 재미있는 이야기와 노래를 준비했다. 그리고 마지막 날에는 어린이 선교사 파송예배를 드렸다. 그 순간이 지금도 눈에 선하다.

목사님께 정식으로 예복을 입고 아이들 한 명 한 명의 이름을 부르고 임명장을 주시길 부탁드렸고 그렇게 해주셨다.

아이들은 스스로 어떤 선교사가 될 것인지 정해서 손을 들었다. 온 세상에 성경을 나눠 줄 선교사가 되겠다고 결심한 어린아이들이 고사리 손을 들고 "제가 하겠습니다" 하고 외치는 소리를 하나님은 지금도 기억하고 계실 것이다. "병원을 지어서 아픈 사람들을 도와주고 복음을 전하겠습니다." "학교를 지어서 복음을 전하겠습니다." "교회를 만들어서 복음을 전하겠습니다." 그렇게 외치던 아이들의 목소리가 내 귀에 지금도 쟁쟁하게 들리는 듯한데 하나님께서 어찌 기억하지 못하시겠는가?

예수님께서 세상에 오셔서 하신 일, 치유하고 가르치고 말씀을 전파하신 일을 어린아이들이 하겠다고 선포한 시간의 하이라이트는 '십자가의 길 걷기'였다. 한 명씩 아이들의 이름을 부르면, 그 아이가 나와서 왕관을 쓰고 십자가의 길을 걸었다. 그 길의 끝에는 의자가 있고 그 의자 위에 왕관을 벗어 놓았다. 그리고 목사님 앞에 가서 어린이 선교사 임명장을 받고 축복기도를 받았다. 아이들의 마음에 영원히 기억되기를 바라면서 준비하며 기도를 드렸다.

이 일은 모든 과정을 준비하고 기도해 주신 유아부 선생님들의 헌신이 있었기에 가능했다. 컴퓨터에 능숙하지 못한 나를 위해 아들 연준이도 캠프 준비 기간부터 마칠 때까지 함께해 주었다. 연준이는 처음부터 지금까지 나의 사역의 반을 차지한다고 해도 과언이 아닐 만큼 오른팔이 되어 주고 있다. 사역의 열매 중에 가족의 연합과 동역은 참으로 귀하다. KCPC 유아부 김유리 전도사님과 선생님, 그리고 연준이가 함께 섬긴 첫 사역의 기쁨은 천국까지 이어질 것 같다. 유아부 교사라는 평신도로서 진행한 사역이었기에 지금도 더 큰 의미로 내게 남아 있다.

전도사로 교회에서 풀타임으로 사역하면서 설교를 하고, 프로그램을 진행하고, 성도들을 섬긴 일도 평생 드릴 감사의 제목이다. 하나님의 은혜로 참 좋은 담임목사님들을 만나서 다양한 사역의 기회와 훈련을 받았다.

워싱턴순복음제일교회에서 사역할 때, 다른 교회에서는 시도하지 않았던 3주간의 특별한 여름 프로그램을 만들어서 아이들과 함께한 추억이 지금도 생생하다. 유치원생부터 고등학생까지 다양한 연령대의 학생들과 부모님들까지 모두가 은혜를 받는 프로그램이 되도록 지혜를 구하는 기도를 올렸다. 하나님께서는 내가 기획서에 넣기만 하면 바로 그 기획에 필요한 분들을 보내 주셨다. 교회 여름 캠프인데 유명한 대학의 교수님과 전도자로 명성이 자자한 분들이 오셔서 특강을 해주셨다. 학생들과 함께 조립할 성막을 한국에서 공수해 오고, 성막 강의를 하는 장로님 댁에서 성물들을 가지고 와서 직접 보도록 했다. 2박 3일 동안 오션시티에 가서 전도지를 나누어 주며 거절당하는 경험을 해 본 아이들과 사명에 대한 이야기를 할 수 있는 시간은 뜻 깊었다. 이 모든 일은 하나님께서 사랑하는 자녀들에게 베푸신 은혜이고, 지금도 교회 공동체 안에서 계속되는 은혜이다.

선교팀들을 맞이하고 섬기는 사역을 하다가 하와이 코나에 DTS를 가게 되었다. 6개월 가까운 기간 동안 유럽 아웃리치까지 마치고 돌아왔다. 아웃리치 기간에 미국을 시작으로 네덜란드와 독일, 프라하, 터키, 이스라엘을 다니며 주로 기도 사역과 난민 사역을 했다. 유치원생, 초등학생, 중학생, 대학생, 청년부터 은퇴한 분들까지 다양하게 구성되었던 우리 팀은 주로 교육 사역을 하였다. 이스탄불의 시리아 난민센터에서의 사역은 나중에 온라인 사역으로까지 연결되었다.

아웃리치에서 돌아올 때 청년에 대한 마음이 뜨거워진 상태였기에 바로 구세군 교회의 청년부 담당 전도사로 사역하게 되었다. 청년부 사역은 보람이 큰 만큼 힘들었다. 청년들은 눈부시게 아름다운데 청년부 사역은 암울하다는 것이 많은 교회 사역자들의 하소연이다. 부모님들과 시대의 영향이 크다고 생각하는데, 이 부분은 다음 기회에 나누기로 하겠다.

2.
랜선 타고 오신 예수님

구세군 교회에서 사역하다가 코로나가 시작되자, 전례 없이 다양한 부분의 구제 사역의 기회가 주어졌다. 방역을 하고 거리를 두고 모이지 못하는 환경이었다. 그 가운데서 마스크와 생필품들을 공급하는 구제 사역과 함께 ZOOM을 도입한 교육 사역을 시작했다. 장년과 청년, 그리고 유아부터 고등학생들에게까지 ZOOM으로 성경을 가르쳤다. 그뿐만 아니라 영어와 수학, 코딩은 물론 음악 수업도 온라인으로 진행했다. 오프라인으로 하는 사역은 시간의 제약을 받는데, 온라인 사역은 시간의 제약을 적게 받는다. 그러다 보니 배우고 싶다는 사람들이 점점 늘어났다. 결국 잠을 줄이고 수업을 늘렸다. 그렇게 새벽부터 밤중까지 온라인으로 교육 사역을 했다. 미국은 물론, 한국과 동남아 아프리카 지역에 흩어져 있는 학생들과 여성들과 함께 수업을 했다.

　밤낮으로 수업을 하고 상담을 하다 보니, 건강에 이상 신호가 오기 시작했다. 그 당시는 백신이 개발되기 전이었다. 전 세계에서 가장 많은 사망자가 미국에서 나오던 시기였다. 안타깝게도 면역력이 약한 많은 노인분들이 생명을 잃고 있었다. 그때 나는 80대의 노모를 모시고 있었던 터라, 구제 사역으로 사람들을 많이 만나는 나 때문에 어머니가 코로나에 걸리게 될까 봐 걱정이 되었다. 감사하게도 나를 포함한 다섯 명의 가족이 코로나에 걸렸지만 어머니는 코로나에 걸리지 않으셨다. 그 와중에 잠을 잘 자지 못하고 무리를 한 탓인지, 나는 갑상선 기능 항진증 진단을 받고 말았다. 머리카락이 빠지고 손이 떨리고 몸무게가 갑자기 줄어들어서 검진을 받아 보니 갑상선 기능 항진증이라며 의사는 휴식을 권했다. 그러지 않아도 교회를 그만 두고 선교 사역에 집중하는 것이 좋겠다는 마음이 들어서 기도를 하고 있던 때였다. 정부 지침으로 교회에서는 10명 이내의 소수만 모일 수 있었기 때문에 점점 늘어가는 온라인 클래스를 하면서 쉼을 갖기로 했다.

　설교하는 자리에 설 때마다 두렵고 떨리지만 한편으로는 안전한 교회 공동체 안에 속해 있다는 안도감이 컸다. 그러나 교회에서 전도사로 사역하면서도 여전히 남아 있었던 부담감을 덜어낼 때라고 판단했다. 교회 사역으로 바쁘다 보니 예수 그리스도를 모르는 영혼을 한 명도 만나지 못하고 하루를 보내는 날들이 점점 많아진 것에 대한 아픔에서 오는 부담감이었다. 오래전에 한 꿈을 꾸었는데, 휴거 장면이었다. 다른 사람들은 새하얀 세마포를 입고 하늘로 올라가는데 나는 아무것도 입지 않은 채 하늘로 올라가고 있었다. 잠에서 깨자마자 대성통곡했다. 너무 부끄러워서 울었다. 자다깨서 애통해하며 울고 있는 나를 남편은 전도지라도 들고 나가면 되지 않겠느냐며 달랬다. 맞는 말이었지만, 그때 내 마음에 찾아든 아픔은 전도지를 들고 나가서 그냥 나눠 주는 것으로 해결될 종류가 아니었다. 내 애통함은 잃어버린 한 영혼을 만나고 복음을 전하고 삶을 나누고 양육하는 '하나님 안에서의 관계'의 필요성과 중요성에 대한 깨달음과 간절함이었기 때문이다. 그 마음은 전도사로 풀타임 사역을 하면서 잠잘 시간도 없이 바쁜 상황에서도 여전히 내 마음에 부담과 갈급함으로 남아 있었다. 마음은 그러함에도 결정하지 못하고 있다가 결국 코로나와 갑상선 기능 항진증으로 인해 교회 사역을 내려놓고, 온라인 교육만 계속하게 되었다.

교회 사역을 그만두고 6개월 만에 갑상선 기능 항진증 약을 먹지 않아도 된다는 의사의 진단을 받았다. 더 열심히 사역을 하라는 하나님의 선물 같았다.

그러던 중, 2021년 9월 4일부터 12월 18일까지 진행되는 SVS 스마트비전 스쿨을 소개받았다. FMnC 기술과학전문인 선교회 전생명 선교사님을 만나게 된 것은 내 의지가 아니었다. 전적으로 하나님께서 계획하신 만남이었다고 생각한다. 어느 날, GBS 글로벌복음방송 박신욱 대표님이 전생명 선교사님의 365일 감사블로그를 보내 오셨다. GBS 글로벌복음방송 프로그램으로 만들면 좋겠는데 연락처를 모르니 찾아서 허락을 구해 보라고 부탁하셨다. 전생명 선교사님과 연락하기 위해서 그때까지 한 번도 해 보지 않았던 네이버에 회원 가입을 했다. 미국에 살고 있기 때문에 네이버를 사용할 일이 없었던 나는 'N잡러', '파이프라인'이란 신조어를 네이버에서 처음 봤다. 신기했다. 한국을 떠나온 지 15년 정도 지났는데 내가 모르는 단어들이 정말 많았다. 한편으로는 내가 마치 시대에 뒤떨어진 사람처럼 느껴질 만큼 생소한 문화가 온라인 안에서 펼쳐지고 있었다.

전생명 선교사님의 365일 감사 블로그에는 크리스천들은 물론 일반인이 읽기에도 좋은 글들이 많이 있었다. 블로그의 연락처를 통해 약속을 잡고 방송 허락을 받는 대화 중에 메타버스와 4차 산업에 대한 이야기를 하시는데, 관심이 갔다. 알고 나서는 블로그 중에서도 메타버스 관련 무료 강의를 홍보하는 내용들이 눈에 들어왔다. ZOOM으로 영어와 성경을 가르치고 묵상 나눔을 하고는 있었지만, 이렇게 다채로운 강의가 온라인 세상에서 진행되고 있는지는 몰랐다. 말 그대로 온라인 신세계를 경험했다. 제페토, 게더타운 등 각종 메타버스에서 다채로운 이벤트와 행사가 열리기도 하는 것을 보면서 호기심이 생겼다. 그래서, 전생명 선교사님의 제안대로 스마트 비전 스쿨을 해 보기로 결정했다.

스마트 비전 스쿨을 마치면서, 나는 모든 사람들을 선교사로 부르시는 하나님의 뜻이 온라인 세계에서 어떻게 반영되고 이루어지고 있는지 비로소 알게 되었다. 물론 함께 훈련받은 사람들이 모두 같은 비전을 받은 것은 아니다. 나같이 뼛속까지 문과생인 사람은 깊이 파고들기 어려워 배워 보려는 열의를 가져야만 이해할 수 있었던 프로그램이었기 때문에 중도 포기한 사람들도 생겼다. 내가 같이 훈련 받자고 초대한 사람 8명도 함께 하는 교육이었기 때문에 모범을 보이기 위해서라도 나는 더 열심히 참여했다. 그래서 그나마 잘 마칠 수 있었던 것 같다.

 교육을 받을 당시 교육 프로그램 운영에 대해서는 아쉬운 점이 많았다. 그럴 수밖에 없었던 것이, 우리 팀은 두명을 제외하고는 모두 미국 동부에 살고 있있고 교육팀은 한국에 있다 보니 밤과 낮이 완전히 바뀌어서 시간을 맞추는 것부터가 어려웠다. 만나서 배워야 하는 것을 줌으로만 해결해야 하니 쉽지 않았다. 하지만 그럼에도 불구하고 비전스쿨이란 이름으로 온라인을 매개로 하는 선교 교육을 받게 하신 하나님의 뜻은 분명했다.

 비전 스쿨을 마치고도 지금까지 나는 온라인 선교 사역의 현장에서 하나님의 이름을 높이고 예수 그리스도 예수를 전하며 하루를 48시간처럼 사용하고 있다. 왜냐하면 내가 그렇게 찾아 다녀도 만나기 어려웠던 사람들, 즉 마음을 열고 복음을 듣기 원하는 영혼들을 온라인에서는 수도 없이 많이 만날 수 있다는 걸 알았기 때문이다. 온라인 안에서는 날마다 새로운 영혼들을 만나며, 원한다면 전 세계에 있는 어떤 지역의 사람이라도 접촉하여 복음을 전할 수 있다. 그래서 지금은 나의 오래된 마음의 부담감은 사라지고, 추수할 곡식은 많은데 일꾼이 없다는 성경 말씀만 마음에 남았다.

 나는 디지털 콘택트 시대와 선교, 그리고 현재의 무분별한 성교육 문제를 알리고 교육하기 위해 2021년 7월 28일 스마트 비전 스쿨과 성경적 세계관과 성경적 성교육을 주제로 컨퍼런스를 열었다. 세계 10여 개국에 있는 선교사 자녀들과 부모들을 초청해서 함께 배웠다. 그리고 2021년 10월 16일에 계획해 왔던 대로 진로 특강 및 멘토와의 만남과 대입 에세이 첨삭 컨퍼런스를 열었다. 이 컨퍼런스를 마치고 나서, 그동안 선교사 자녀들만을 대상으로 했던 온라인 사역을 일반인들도 참여할 수 있는 사역으로 전환했다. 이 사역을 위해 만들어진 것이 오픈 단체 채팅방 '인생약방'이다.

카카오톡을 기반으로 하는 온라인 단체 채팅방에 들어가면 예외 없이 게시판에 올려져 있는 안내 문구가 있다. '정치와 종교 이야기는 금지'이다. 나는 예수님 이야기를 해야 하는 사람이기 때문에 어떻게 할까 기도하다가 아예 오픈 단체 카톡방 '인생약방'을 만들었다. 내가 방장이기 때문에 룰도 정할 수 있어서 나는 편하게 하나님의 말씀을 시시때때로 올릴 수 있었다. '인생약방' 안에 400여 명 가까운 인원이 모여 소그룹으로 나누어서 말씀을 나누기도 하고, 성향에 따라서 챌린지를 하기도 했다. 글을 쓰는 그룹도 있고 운동을 하는 모임도 있고 독서 모임도 하고 있다. 최근에는 성경과 좋은 글을 필사하는 모임이 낙오자 없이 100일 챌린지를 마쳤다. 영어 필사 100일 챌린지는 여섯 살부터 60대까지 참여했고, 아이 셋을 데리고 함께한 분도 있다. 어린 자녀들과 대학생 등 가족 단위로 참여한 사람들 속에는 우리 가족도 있다. 남편과 아들과 함께 같은 글을 쓰고 챌린지를 함께하면서 더 끈끈한 가족애를 느꼈다.

물론 이 모든 활동의 중심에는 기도가 있고 예수 그리스도의 향기가 있다. 우리 모임의 시작은 기도다. 교회를 다니지 않는 사람들이 많아도 기도를 한다. 어떤 외부 강사를 모셔도 기도부터 한다. 강사가 기독교인이 아니어도 마찬가지이다. 인생약방 단톡방 안에 있는 사람들은 가랑비에 옷 젖듯이, 신앙이 없는 사람들도 매일 올라오는 오늘의 양식을 읽고 오스왈드 챔버스의 《주님은 나의 최고봉》을 읽게 된다. 그러다가 질문이 생기면 나에게 따로 물어 오기도 하고 교회를 소개해 달라고 하기도 한다. 참으로 감사한 일이다.

이렇게 2년 정도 시간이 흐르면서 여성 리더들이 양육되고, 믿음이 생긴 사람들이 각자 사는 지역의 교회에 출석하는 일이 생기면서 "선을 행하되 피곤치 않으면 때가 이르매 거두리라"는 말씀이 이루어짐을 본다. 미국에 살고 있지만, 한국과 캄보디아, 인도네시아, 탄자니아, 터키, 필리핀, 라오스, 말라위 등에 흩어져 사는 사람들과 교류하게 된 것은 랜선 덕분이다. 그리고 예수님을 따르는 제자들이 랜선을 활용하면 예수께서 랜선을 타고 그곳에 가서 역사하시는 것을 보았고, 지금도 보고 있다. 특별히 터키에 있는 시리아 난민센터 랜선 아웃리치를 하면서 성령의 역사하심을 강하게 느꼈다.

그러므로 디지털 콘택트, 온라인 선교는 우리 모두가 복음을 전하라는 하나님의 뜻 가운데 더 확장될 것이다. 스마트폰과 컴퓨터를 즐겨 사용하는 하나님의 사람들을 온라인 스마트 선교사로 부르신다는 것을 믿음으로 받아 들이는 분들이 많아지길 기도드린다.

3.
유튜브로 복음을 전하는 3가지 방법

젊은 세대의 장래 희망 1위가 유튜버라고 한다. 그래서인지 매일 수많은 영상이 다양한 플랫폼을 통해서 쏟아져 나온다. 틱톡이나 쇼츠, 릴스처럼 짧은 영상을 올리는 것이 대세가 되면서부터는 더욱 더 많은 영상들이 올라온다. 쉽게 만들어서 올릴 수 있기 때문이다.

문제는 그렇게 올라오는 영상 중에 저급하거나 유해한 영상들이 많다는 것이다. 자극적인 소재와 음악을 사용해서 사람들의 시선을 끌기에 급급한 영상들은 자라나는 청소년들의 정서에 해로운데, 안타깝게도 청소년들의 시청 시간이 가장 길다고 한다. 방송 심의 기준을 강화하고 정화하는 작업이 적극적으로 이루어져야 할 텐데 어마어마한 영상들을 다 체크하기는 어려워 보인다.

유튜브는 젊은 세대뿐만 아니라 시니어들에게도 인기가 높다. 문화센터나 교양 강좌 중에는 시니어를 대상으로 하는 스마트폰 강좌와 영상 제작 강좌가 많다. 팟캐스트나 영상을 만들 수 있는 앱이 다양해지고 사용법이 간단해진 것도 시니어들의 영상 제작 참여에 한몫을 했다. 은퇴 후에 제2의 직업으로 유튜브를 선택했다는 분들도 주위에서 쉽게 만나볼 수 있다. 결국 남녀 노소 누구나 1인 방송을 시작할 수 있는 시대가 된 것이다. 이러한 사회에 발 맞추어 목사님들과 기독교인들이 유튜브 등 다양한 플랫폼을 통해서 복음을 전하고 있다.

이제 어느 지역에 살고 있는지에 관계없이 인터넷만 된다면 듣고 싶은 설교를 마음대로 찾아서 들을 수 있는 시대이다. '이렇게 많은 사람들이 하고 있는데도 불구하고 나마저 1인 방송을 시작해야 할 필요가 있을까?' 하는 질문을 할 수 있을 것이다. 나의 결론은 '해야 한다'이다.

사실 유튜브나 틱톡, 카카오톡 등의 플랫폼은 변화하는 역사 속에 등장한 패러다임일 뿐이다. 중세 시대에는 성직자만 찬양을 할 수 있었는데 지금은 모든 성도가 찬양을 한다. 피아노, 오르간, 드럼 등의 악기가 예배에 사용될 때도 논란이 많았다. 그러나 지금은 자연스럽게 받아들여지고 있다.

초대교회 시절에는 하나님에 대해서 듣고 싶으면 사도들이나 교부들을 찾아가서 설교를 들어야 했다. 313년에 제도적 교회가 생기면서 교회에 가서 예배를 드리게 되었다. 397년에 카르타고 회의에서 신약 성경 27권이 공인되면서부터 읽는 게 중요한 시대가 되었다. 그때는 성직자들이 읽어 주고 성도들은 주로 듣기만 했다. 1450년경

인쇄술이 발달하고 성경이 여러 나라 말로 번역되면서 성경이 널리 보급되었다. 이때부터는 보급된 성경을 읽으면서 신앙생활을 하는 것이 보편화되었다. 처음에는 듣기만 하다가 읽게 된 것이다. 그렇게 변화되어 온 패러다임에 따르면 지금은 보는 시대가 되었다.

물론 지금도 대부분 진짜 중요한 지식은 강의나 책으로 전달된다. 그러나 일상의 틈새 시간들은 주로 스마트폰을 보며 보낸다. 한국의 경우만 보아도 출퇴근 길이나 등하교길에 각자의 스마트폰으로 영상을 보는 사람들이 많다. 스마트폰이 생기기 전에는 지하철에서 책을 보는 사람들이 많이 있었는데 요즘에는 거의 찾아볼 수가 없다. 독서를 하더라도 스마트폰에서 전자책(E-Book)을 보기 때문이다. 미국의 경우 스마트폰이 보편화된 이후로 스쿨버스 안이 조용해졌다고 한다. 학생들이 모두 자신의 스마트폰을 들여다 보느라고 서로 대화를 하지 않기 때문이다. 한 가족이 거실에 모여 앉아서 채널 쟁탈전을 벌이는 모습은 이제 찾아 보기 어렵다. 같은 테이블에 앉아 있는 부부도 각자 이어폰을 끼고 자신의 핸드폰으로 보고 싶은 영상을 보고 있기 때문이다.

1인 가구가 점점 늘어나고 핵가족 시대를 지나 핵개인의 시대라고 한다. 이 시대의 특징은 간섭하지 않고 경계선을 넘지 않는 것을 중요하게 생각한다. 그만큼 복음 전파가 어려워진 것이다. 이 글을 쓰는 주요한 이유도 결국 트렌드에 맞춰서 복음을 전하는 방법이 효과적이라는 것을 말하기 위함이다. 만나기 어렵고 사생활을 존중해야 하는 시대에 가장 좋은 접근 방법은 전도 대상자들이 있는 곳에 가서 그들이 하고 싶은 일을 하면서 복음을 듣게 하는 것이다. 요즘 사람들이 모이는 플랫폼에서 활동을 해야 하는 이유이다. 때를 얻든지 못 얻든지 복음을 전해야 할 사명이 우리들에게 있다. 그래서 전 세계인이 가장 많이 사용하는 플랫폼인 유튜브에서 복음을 전하는 방법 3가지를 나누고자 한다. 내 경험상 쉽게 시작하고 만들 수 있는 콘텐츠이다.

첫 번째, 목사님들이나 전문 성경 지식을 가진 사람들은 설교나 강의를 유튜브에서 열면 좋다. '오늘의 신학'이라는 유튜브 채널은 구독자도 많고 배울 점도 많고 구성도 좋아서 재미도 있다. 김윤희 교수님의 '성경 에센스' 채널은 성경 공부를 하고 싶어 하는 사람들에게 많이 권한 채널이다. 영어와 한국어로 다 볼 수 있는 '바이블 프로젝트'도 내가 자주 소개하는 채널이다. 이러한 채널들은 전문가들이 시간과 정성, 물질을 들여서 만든 채널이다.

그러나 꼭 이렇게 만들지 않아도 된다. 성경에 대해 이해하는 방식과 선호하는 취향이 각각이므로 자신의 스타일대로 설명해도 반드시 누군가에게는 보기 좋은 영상이 될 것이라는 믿음을 가지고 만들면 된다. 왜냐하면 복음은 성령님의 역사하심이라는 중요한 핵심이 있기 때문이다. 예수 그리스도를 자랑하는 복음은 그 자체가 가진 힘이 있다.

두 번째, 방송을 지속적으로 오래 하고 싶은데 성경적 지식이 약하거나 자신이 없다면, 신앙 서적을 소개하는 방법을 권한다. 성경을 읽어도 잘 이해가 되지 않던 시절이 나에게도 있었다. 그때 나는 신앙 간증집이나 설교집을 읽었다. 책을 읽으면 해당 성경 부분이 이해되고, 하나님이 어떻게 사람들을 인도하시는지 쉽게 이해할 수 있었다. 그렇게 시간이 1년 정도 지나고 나니 성경이 저절로 이해가 되고 재밌게 읽혔다. 신앙 서적들을 장르별로 나눠서 소개해도 오랫동안 지속적으로 만들 수 있는 훌륭한 콘텐츠가 될 것이다.

세 번째, 대화를 나누는 것을 좋아한다면 일상에서 있었던 일들을 나누는 소통 채널을 운영해도 좋다. 말씀대로 살려고 하다가 넘어지고 실수한 이야기들을 솔직하게 나누면 공감하는 사람들이 생긴다. 사람들은 완벽한 사람보다 사람 냄새 나는 사람들 곁에 모인다. 요셉과 같이 포로로 끌려가서도 총리가 되는 대단한 스토리를 가질 필요는 없다. 요셉과 같은 넘사벽의 사람이 아니라 야곱과 같이 힘든 시간을 살아왔다는 고백을 하는 사람의 채널이 오히려 치유와 힐링 채널이 될 수 있다.

나는 유튜브 영상 앱 스마트폰과 캡컷 앱 그리고 USB 마이크, 이렇게 3개의 장비를 가지고 영상을 만들고 있다. 긴 영상이나 줌으로 녹화한 것은 컴퓨터에서 편집하는데, 이때는 모바비 앱을 무료 버전으로 사용한다. 만약 아직 한 번도 시도해 보지 않았다면 지금 바로 시작해 보길 바란다. 아무리 쉽게 할 수 있다고 해도 얼굴을 공개하는 일이 부담된다는 분들도 있는데, 그런 경우라면 먼저 팟캐스트를 해 보시길 추천한다.

4.
팟캐스트부터
차근차근

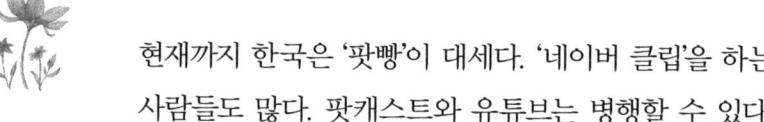

현재까지 한국은 '팟빵'이 대세다. '네이버 클립'을 하는 사람들도 많다. 팟캐스트와 유튜브는 병행할 수 있다. 유튜브로 만든 것을 오디오 파트만 다운로드해서 팟캐스트를 만들면 되기 때문이다. 나도 GBS 글로벌복음방송 유튜브와 라디오 방송을 함께 올린다. 유튜브와 팟캐스트가 가지는 장단점이 있겠지만, 여기서는 팟캐스트의 장점만 이야기하겠다.

팟캐스트는 방송 시간에 구애받지 않고 원하는 내용을 잘 전달할 수 있다. 주로 운전을 하거나 집안일을 하면서 듣는 경우가 많다. 작업장에서도 라디오를 틀어놓고 일을 하는 곳이 많다. 그렇기 때문에 긴 분량을 만들어도 된다. 보통 40분 길이 정도로 만들면 좋다고 한다. 40분은 복음을 효과적으로 전달하기에 좋은 시간이다.

유튜브는 요즘 쇼츠가 대세라서 짧게 복음의 핵심만 전해야 한다. 그럴 경우 오해의 소지가 생길 수도 있고, 감동이 오래가지 않을 수도 있다. 그리고 화면을 보면서 듣는 것보다 소리만 듣는 쪽이 더 오랫동안 기억에 남을 수도 있다. 왜냐하면 들리는 내용을 자기가 직접 상상하며 이미지를 기억하기 때문이다.

팟캐스트는 편집 시간이 유튜브와 같은 동영상을 제작하는 시간보다 적게 걸린다. 그러므로 본업으로 하지 않고도 마음만 먹으면 얼마든지 복음을 전할 수 있다.

팟캐스트는 얼굴이 보이지 않으므로 개인의 사생활을 보호받으면서 편한 분위기에서 만들 수 있다. 처음 방송을 시작하는 사람들이 가지는 가장 큰 부담감은 신분 노출이다. 그런 면에서 팟캐스트는 확실히 부담감이 적다.

팟캐스트는 영상을 시청하면서 느끼는 피로감이 없다. 영상을 많이 시청하면 눈부터 피로해진다. 그리고 가끔은 현기증이 난다는 사람들도 있다. 그러나 소리만 들으면 피로감을 호소하기보다는 오히려 힐링이 된다는 사람들이 더 많다. 그래서 지금은 유튜브나 틱톡, 인스타 같은 영상이나 사진 위주의 플랫폼이 대세지만 시간이 흐르다 보면 피로감을 느낀 사람들이 팟캐스트를 더 선호하게 될 것이라는 의견도 있다. 실제로 미국과 영국에서는 스마트폰에 피로감을 느낀 사람들이 다시 플립폰으로 바꾸면서 '덤폰'이라는 신조어도 생겼다고 한다.

방송 선교를 해야 하는 이유와 하는 방법에 대해서는 내 수준에서는 충분히 설명한 것 같다. 마지막으로 유튜브를 제작하거나 팟캐스트를 만들 때 꼭 기억하면 좋을 당부의 말씀을 드리고 싶다. "내가 만든 방송을 누가 듣기나 하겠어?"라는 질문은 버려야 한다는 것이다. 우리들은 한 영혼을 소중하게 여기는 크리스천이다. 단 한 사람이라도 내가 만든 방송을 듣고 예수 그리스도의 십자가 사랑을 전달받는다면 그걸로 충분하지 않겠는가? 우리에게 주신 각자의 특기와 관심 분야를 가지고 방송을 만들면 된다. 그 분야에 같은 관심을 가진 이가 보고 들으며 하나님의 사랑을 알아 간다면 얼마나 좋겠는가? 구독자가 몇 명 없는데도 만약 댓글을 남긴다면 그 댓글에 화답하며 친분을 쌓을 수도 있다. 이렇게 하다 보면 온라인에서 시작된 관계가 발전하여서 오프라인에서도 좋은 친구가 되는 경우가 있다.

나도 온라인을 통해 생긴 좋은 친구들이 많다. 그중에서는 예수님을 몰랐다가 내 방송을 통해서 하나님에 대한 궁금증이 생겼고, 마침내 교회에 등록하고 교육을 받고 있는 친구도 있다. 얼마나 멋진 일인가? 지금은 성령께서 랜선을 타고 임하시는 시대라고 농담처럼 말하지만, 실제로 시공을 초월한 하나님의 역사는 온라인 플랫폼 안에서도 강력하게 이루어지고 있다. 바로 오늘 여러분과 내가 만드는 방송 안에서 역사하실 하나님을 기대하며 설레는 마음으로 복음을 전하는 방송을 시작해 보시길 바란다.

Part 3.

마음에 새기는
영어 표현

1.
24 Bible Verses

| 자녀들을 위한 섹션입니다. 성경과 함께 영어 공부를 함께 할 수 있도록 구성했습니다.

The Scent of Life

But thanks be to God, who always leads us as captives in Christ's triumphal procession and uses us to spread the aroma of the knowledge of him everywhere.

For we are to God the aroma of Christ among those who are being saved and those who are perishing.(2 Corinthians 2:15)

This passage contains my hopes for all of us who love Jesus dearly: wherever we go, may our footsteps leave the noble scent of Jesus and reveal his presence in our lives.

생명을 드러내는 향기가 되어

하나님께서는 메시아, 곧 그리스도 안에서 우리를 이리저리 데리고 다니면서, 끊임없이 계속되는 개선 행진에 참여시키고 계십니다. 그분은 우리를 통해 그리스도를 아는 지식을 제시하십니다. 우리가 가는 곳마다 사람들은 고상한 향기를 들이마십니다.

"우리는 구원 받는 자들에게나 망하는 자들에게나 하나님 앞에서 그리스도의 향기니"(고후 2:15).

예수님을 사랑하는 우리도 우리의 발길이 머무는 곳마다 고상한 향기를 풍기며 생명 되신 예수님을 드러내면서 살면 좋겠다는 소망을 담았습니다.

At the Place You Prepared

Because I experienced that, regardless of my own abilities, God will use his power to place any soul-all more precious to him than the entire world-inside of his plan and return in front of him, I am praying not to let my will be done for his name, but to be obedient and faithful so I can answer his call even at this moment.

Let us not become weary in doing good, for at the proper time we will reap a harvest if we do not give up.(Galatians 6:9)

예비하신 곳에서

나의 능력과 상관 없이 하나님의 능력으로 천하보다 귀한 한 영혼, 한 영혼을 하나님의 계획 안에서 하나님 앞으로 돌아오게 하신다는 것을 경험하였기 때문에, 이제는 주님을 위해서 저의 뜻을 이루게 해 달라는 기도가 아니라, 지금 이 순간 부르심에 순종하고 충성할 수 있게 해 달라는 기도를 드리게 됩니다.

"우리가 선을 행하되 낙심하지 말지니 포기하지 아니하면 때가 이르매 거두리라"(갈 6:9).

The Scent of Humility

Jabez cried out to the God of Israel, "Oh, that you would bless me and enlarge my territory! Let your hand be with me, and keep me from harm so that I will be free from pain." And God granted his request.(1 Chronicles 4:10)

I was able to see the way of a true Christian, spreading the scent of Christ through their life, in Jabez's humble praise towards God who gives him the strength to serve.

마카롱이 머금은 겸손의 향기

"야베스가 이스라엘 하나님께 아뢰어 이르되 주께서 내게 복을 주시려거든 나의 지역을 넓히시고 주의 손으로 나를 도우사 나로 환난을 벗어나 내게 근심이 없게 하옵소서 하였더니 하나님이 그가 구하는 것을 허락하셨더라"(대상 4:10).

섬길 수 있는 힘을 주시는 하나님을 찬양하는 겸손한 모습에서, 삶으로 그리스도의 향기를 나타내며 살아가는 참 크리스천의 모습을 발견했습니다.

Jesus, Who Came as an Amber Light

To the angel of the church in Philadelphia write: These are the words of him who is holy and true, who holds the key of David. What he opens no one can shut, and what he shuts no one can open. I know your deeds. See, I have placed before you an open door that no one can shut. I know that you have little strength, yet you have kept my word and have not denied my name.(Revelations 3:7-8)

The elder testified that, although he was recognized by family and church was successful in his business, there was one thing that he always deeply regretted in his life-which was not being truly devoted to God in his youth.

노오란 빛으로 오신 예수님

"빌라델비아 교회의 사자에게 편지하라 거룩하고 진실하사 다윗의 열쇠를 가지신 이 곧 열면 닫을 사람이 없고 닫으면 열 사람이 없는 그가 이르시되 볼지어다 내가 네 앞에 열린 문을 두었으되 능히 닫을 사람이 없으리라 내가 네 행위를 아노니 네가 작은 능력을 가지고서도 내 말을 지키며 내 이름을 배반하지 아니하였도다"(계 3:7-8).

장로님은 가정과 교회에서 인정받고 있고 사업에도 성공해서 남 보기에 좋은 인생을 살고 있는 것 같지만, 한가지 뼈저리게 후회되는 일이 있다고 말씀했습니다. 그것은 젊은 날에 하나님 앞에 헌신하지 못했다는 것이었습니다.

Yeonwoo's Prayer

When I thought to myself, "Do I bring up every problem, no matter how small or ridiculous it might seem, to God-just as Yeonwoo is doing?" I felt embarrassed to see my shortcomings:

While it is true that most of us pray during times of trouble or important decisions, do we ask for God's opinion and answer for anything else in our lives-when God is always with us and protecting us like his own eyes?

If your children haven't had the experience of listening to the voice of God, I will cheer and pray that one day, through your desperate prayers, God will reveal his voice to your children-just as he has called out to Samuel by his own name.

연우의 기도

작고 사소한 문제나 때로는 이성적으로는 말도 안 되는 것으로 생각되는 일까지도 하나님께 기도하고 있는가 하고 저 자신을 돌아보았을 때, 부끄러운 마음이 밀려왔습니다. 인생에 고난이 닥쳐오거나 큰 결정을 해야 할 때는 기도하지만, 눈동자와 같이 지키면서 우리의 머리카락 숫자까지도 세시는 하나님, 한순간도 우리 곁을 떠나지 않으시는 하나님을 매 순간 인정하면서 하나님께 의견을 묻고,

조언을 구하고, 대답을 들으며 살고 있는가?

아직 하나님의 음성을 경험해 보지 못한 자녀가 있다면, "사무엘아" 하고 부르셨던 하나님의 음성이 자녀들에게 들리기를 간절히 기도하십시오.

The Song of the Missionary

> Peter said to him, "We have left everything to follow you!" "I tell you the truth," Jesus replied, "no one who has left home or brothers or sisters or mother or father or children or fields for me and the gospel will fail to receive a hundred times as much in this present age (homes, brothers, sisters, mothers, children and fields-and with them, persecutions) and in the age to come, eternal life.(Mark 10:28-30)

Although the missionaries have voluntarily went to the missions' field as God's servant and continued their precious mission and embraced the souls of the land through many hardships and persecution, when they look at their children, they cannot help but to feel sorry for them as they must share these sufferings form the choice of their parents. Just as I know that God has listened to their cries and covered them with the splendors of heaven, I truly hope that God will fulfil the souls of the missionaries and their children with good, heavenly connections and would like to end this story by meditating on the words of Exodus.

선교사의 노래

"베드로가 여짜와 이르되 보소서 우리가 모든 것을 버리고 주를 따랐나이다 예수께서 이르시되 내가 진실로 너희에게 이르노니 나와 복음을 위하여 집이나 형제나 자매나 어머니나 아버지나 자식이나 전토를 버린 자는 현세에 있어 집과 형제와 자매와 어머니와 자식과 전토를 백 배나 받되 박해를 겸하여 받고 내세에 영생을 받지 못할 자가 없느니라"(막 10:28-30).

스스로 선교지를 섬기는 종의 모습으로 선교지에 가서 고난과 박해를 받으면서도 그 땅의 영혼들을 품고 귀한 사역을 감당하시지만, 부모의 선택으로 그 고통을 함께 감당해야 하는 어린 자녀들을 보면서 미안한 마음을 가지지 않을 수 없었을 것입니다. 이스라엘의 신음을 들으신 하나님께서 금, 은, 보석으로 치장시켜 주시듯, 좋은 만남으로 선교사님과 자녀들의 심령을 만족케 해주시리란 기대를 가지면서 출애굽기 말씀을 깊이 묵상합니다.

The Scent of Longing for the Hopes of Heaven

"All men are like grass, and all their glory is like the flowers of the field. The grass withers and the flowers fall, because the breath of the LORD blows on them. Surely the people are grass. The grass withers and the flowers fall, but the word of our God stands forever."(Isaiah 40:6-8)

Our body, which we can see and feel, will wither and disappear like grass and flowers. However, through God's grace, we can continue live happily with the hope of heaven as he allowed us to have the memories of our loved ones remain forever in our hearts-just like his everlasting words.

하늘 소망을 담은 그리움의 향기

"모든 육체는 풀이요 그의 모든 아름다움은 들의 꽃과 같으니 풀은 마르고 꽃이 시듦은 여호와의 기운이 그 위에 붊이라 이 백성은 실로 풀이로다 풀은 마르고 꽃은 시드나 우리 하나님의 말씀은 영원히 서리라 하라"(사 40:6-8).

눈에 보이는 육체는 풀과 같이 꽃과 같이 시들어 사라져 없어집니다. 하지만 사랑 자체이신 하나님의 말씀처럼 우리 마음에 새겨진 사랑하는 사람의 기억은, 기억을 영원히 남아 있게 하신 하나님의 은혜로 머물러 우리는 기쁘게 천국 소망으로 살아가게 합니다.

God's Promise

"He was despised and rejected by men, a man of sorrows, and familiar with suffering. Like one from whom men hide their faces he was despised, and we esteemed him not."(Isaiah 53:3)

Jesus is someone who understands the feeling of being rejected very well. Not only was he despised by his enemies, Jesus also experienced being rejected and turned away by his family and his own disciples. When he was rejected, Jesus forgave everyone who cursed him, and even started to bless them.

And at this very moment, the Holy Spirit-who is helping us to live more like Jesus-is gently asking us to follow in Jesus's footsteps and not be bound by the hurts of rejection, but forgive and bless those who rejected you instead.

하나님의 약속

"그는 멸시를 받아 사람들에게 버림 받았으며 간고를 많이 겪었으며 질고를 아는 자라 마치 사람들이 그에게서 얼굴을 가리는 것 같이 멸시를 당하였고 우리도 그를 귀히 여기지 아니하였도다"(사 53:3).

예수님은 거절당하는 것이 어떤 느낌인지 누구보다도 잘 이해하시는 분입니다. 원수들은 물론, 가족과 제자들에게까지 거절당하고 외면당한 경험을 직접 하셨기 때문입니다. 예수님은 거절당하셨을 때, 자기를 저주하는 자들을 용납하시고 오히려 축복하기까지 하셨습니다.

    그리고 지금, 우리가 예수님 닮아 가는 삶을 살도록 도우시는 성령님께서는 우리에게 예수님의 그 모습을 닮아 거절 받은 상처에 매이지 말고, 용납하고 축복하라고 부드럽게 권유하고 계십니다.

Refreshing Breeze, Covered in Green

"But God chose the foolish things of the world to shame the wise; God chose the weak things of the world to shame the strong. He chose the lowly things of this world and the despised things--and the things that are not--to nullify the things that are, so that no one may boast before him."
(1 Corinthians 1:27-29)

Although our lives may be difficult and tumultuous like the raging storms, I sincerely hope that God's loving heart to bless those who accept God's dreams as their own will reach to the hearts of everyone.

초록이 품은 신선한 향기

"그러나 하나님께서 세상의 미련한 것들을 택하사 지혜 있는 자들을 부끄럽게 하려 하시고 세상의 약한 것들을 택하사 강한 것들을 부끄럽게 하려 하시며 하나님께서 세상의 천한 것들과 멸시 받는 것들과 없는 것들을 택하사 있는 것들을 폐하려 하시나니 이는 아무 육체도 하나님 앞에서 자랑하지 못하게 하려 하심이라"
(고전 1:27-29).

거친 풍랑이 몰아치고 있는 것과 같이 긴박하고 험난한 인생을 살면서도 하나님의 꿈을 자신의 꿈으로 받아들이고 사는 사람들을 축복하시는 하나님의 마음이 전해지는 시간이 되면 좋겠습니다.

I Live in His Kingdom, Right by His Side

"Honor your father and your mother, as the LORD your God has commanded you, so that you may live long and that it may go well with you in the land the LORD your God is giving you."(Deuteronomy 5:16)

I can still vividly see the image of the funeral service on that cold, snowy winter day. As I felt the sunlight embracing everyone gathered for the service, I felt the great comforting from our father in heaven, telling us not t worry, and covering us with the shining light from the heavens.

주님 옆, 주엽동에 살아요

"너는 네 하나님 여호와께서 명령한 대로 네 부모를 공경하라 그리하면 네 하나님 여호와가 네게 준 땅에서 네 생명이 길고 복을 누리리라"(신 5:16).

눈이 무척 많이 내리던 몹시 추웠던 겨울 날, 하관예배를 드리던 모습이 지금도 생생합니다. 모인 우리 모두를 감싸안는 듯한 눈부신 햇살을 맞으며 천국에 입성한 아버님을 걱정하지 말라는 듯, 찬란한 빛을 비춰 주시는 하나님의 큰 위로가 뜨겁게 전해졌습니다.

I Will Never Forget Your Name

"The LORD is my shepherd, I shall not be in want. He makes me lie down in green pastures, he leads me beside quiet waters, he restores my soul. He guides me in paths of righteousness for his name's sake."(Psalms 23:1-3)

Missionary Daniel did not focus on explaining the suffering through his book, but rather, on the amazing story of souls being saved and the gospel beginning to spread even through the dark, hopeless, and painful prison cell. When the North Korean refugees, who risked their lives to escape from North Korea, have the chance to meet with the missionaries, they can receive the gospel, loving care, and the deep understanding of Jesus's love for them.

Missionary Daniel explains further that the refugees are so deeply moved by the love of Jesus, that some of them even return to North Korea to share the same, amazing love they received.

나는 너를 잊지 아니하리라

"여호와는 나의 목자 아쉬울 것 없어라 푸른 풀밭에 누워 놀게 하시고 물가로 이끌어 쉬게 하시니 지쳤던 이 몸에 생기가 넘친다"(시

23:1-3, 조선어 성경).

다니엘 선교사님은 책을 통해서 그 고통을 설명하는 데 집중하신 것이 아니라, 그 암흑 같고 소망 없을 것 같은 고통스러운 감옥 안에서도 복음이 전해지고 영혼 구원이 일어나는 감동적인 순간들을 이야기합니다. 목숨 걸고 탈북한 북한 사람들은 선교사님들을 만나서 복음을 받아들이고 따뜻한 보살핌을 받으면서 예수님의 사랑을 깊이 알게 되고 그 사랑에 감격합니다. 그리고 그 사랑을 전하기 위해서 도망쳐 나온 북한 땅으로 다시 들어가는 분들이 있음을 우리에게 소개하고 있습니다.

From Father to Son, From Son to Father

"Blessed is the nation whose God is the LORD, the people he chose for his inheritance."(Psalms 33:12)

While I always thought to myself: "I'm sure my dad didn't know how to take care of me because it was his first time being a father. I'm sure he had a really hard time as a poor pastor that only focuses his ministry on families with hardships.", I was finally able to understand my father from the depths of my heart.

아버지와 아들

"여호와를 자기 하나님으로 삼은 나라 곧 하나님의 기업으로 선택된 백성은 복이 있도다"(시 33:12).

아버지도 아버지 역할이 처음이어서 어떻게 하는 것이 잘하는 건지 잘 모르셨겠지, 아버지도 가난한 목사로서 어려운 이웃만 찾아다녀야 하는 사역이 결코 쉬운 길이 아니어서 많이 힘드셨을 거라고, 머리로 알다가 마음으로 깊이 이해하게 되었습니다.

The Scent of Meditation, Restoring the Family

"I rejoice in following your statutes as one rejoices in great riches. I meditate on your precepts and consider your ways. I delight in your decrees; I will not neglect your word. Do good to your servant, and I will live; I will obey your word."
(Psalms 119:14-17)

When my child began to speak, develop his self-consciousness, and reach the age of displaying his opinion and emotions as a unique individual, my confidence in raising my child has disappeared, and I found myself hurting my child in the name of discipline with the sharp thorns of my lacking character, sinful soul, and my personal weakness.

At that time, I was overly prideful. I didn't yet understand that I had to rely not on worldly knowledge, but on scripture and prayer; and that I had to be born anew and fully trust on the guidance of the Holy Spirit.

가정을 세우는 묵상의 향기

"어떤 부귀를 누리기보다도 당신의 언약을 지키는 것이 더 기뻤사옵니다. 당신의 계명을 되새기며 일러 주신 길을 똑바로 걸으리이

다. 당신 뜻을 따름이 나의 낙이오니 당신의 말씀을 잊지 아니하리
이다. 당신 종을 너그러이 보시고 살려 주소서. 당신의 말씀을 지
키리이다."(시 119:14-17, 공동번역)

아이가 말을 하기 시작하고 자아가 생기며 소위 하나의 인격체로
서 의견과 감정을 표출하는 시기에 이르자 잘 키울 수 있다는 자신
감을 온데간데없이 사라지고, 훈육이라는 명분하에 저의 못난 성품,
죄된 본성, 연약함들이 아이에게 뾰족한 가시로 상처를 주고 있었습
니다. 지식이 아닌 말씀과 기도로, 그리고 성령님의 도우심을 의지하
며 날마다 새사람이 되어 양육해야 하는데 너무 교만했던 거죠.

The Life of a Good Samaritan

"If anyone has material possessions and sees his brother in need but has no pity on him, how can the love of God be in him? Dear children, let us not love with words or tongue but with actions and in truth."(1 John 3:17-18)

It told me "Although no one may notice, a seed that has been sowed will grow. Although no one may notice, once you act in love and tend for the wounds of others, that love will become an angel flying in the sky and will return to your child one day".

선한 사마리아인의 삶

"누가 이 세상의 재물을 가지고 형제의 궁핍함을 보고도 도와 줄 마음을 닫으면 하나님의 사랑이 어찌 그 속에 거하겠느냐 자녀들아 우리가 말과 혀로만 사랑하지 말고 행함과 진실함으로 하자"(요일 3:17-18).

"아무도 알아주지 않을지라도 뿌린 씨는 성장하고, 아무도 알아주지 않을지라도 남의 상처를 싸매어 주며 사랑을 실천했을 때 그 사랑은 날아가는 천사가 되어 어느 땐가는 당신들의 아이에게로 돌아가게 될 것이요"라고 합니다.

A Life Filled with the Scent of Prayer

"A wife of noble character who can find? She is worth far more than rubies. Her husband has full confidence in her and lacks nothing of value. She brings him good, not harm, all the days of her life."(Proverbs 31:10-12)

While we continue to hear about the dark and evil news from around the world, we can also clearly witness the men and women of God becoming the guiding light for the land and the salt to help us taste the true taste of our lives.

기도의 향기가 가득한 삶

"누가 현숙한 여인을 찾아 얻겠느냐 그의 값은 진주보다 더 하니라 그런 자의 남편의 마음은 그를 믿나니 산업이 핍절하지 아니하겠으며 그런 자는 살아 있는 동안에 그의 남편에게 선을 행하고 악을 행하지 아니하느니라"(잠 31:10-12).

연일 세상에서는 어두운 소식이 들려오지만, 곳곳에 심긴 하나님의 사람들은 그 땅을 비추는 빛이 되고, 인생의 참맛을 알려 주는 소금이 되어 살아가고 있음을 봅니다.

A System Created Through Repetition of Faith

However, there are many people, including myself, who witnessed the Professor repeating his good work being repeated more than seven times-and even more than 70 times-and becoming a system of miracle that saves the lives of others and restores the world. While God allowed failures, hardships, and discouragement in Professor Kim's life, he also had a plan to raise Professor Kim as a man that saves others through his self-reflection of his failures and success.

Just as it was stated in the book of Galatians: Let us not become weary in doing good, for at the proper time we will reap a harvest if we do not give up.

믿음으로 반복하며 만든 시스템

일곱 번씩 70번도 넘게 반복되면서 그 안에서 사람을 살리고 세상을 구하는 기적이 일어나는 시스템이 된 것을 보았습니다. 김형환 교수님의 삶 가운데 실패와 고난과 좌절을 허락하신 하나님께서, 그 고독한 시간을 지나며 자신을 성찰하고 실패와 성취의 경험을 통해 다른 사람들을 돕는 사람으로 세우셨으니 그 하나님의 섭리를 보며 갈라디아서 말씀을 마음에 새겨 봅니다.

"선을 행하되 낙심하지 말지니 때가 이르매 거두리라."

Daughter's Loving Prayer to Her Father in Heaven

"For I am convinced that neither death nor life, neither angels nor demons, neither the present nor the future, nor any powers, neither height nor depth, nor anything else in all creation, will be able to separate us from the love of God that is in Christ Jesus our Lord."(Romans 8:38-39)

M father in heaven, my God, how has your day been? I have been praying and faithfully waiting for the day when your perfect rule will reach every corner of our world.
Father, I am really, grateful that Jeong-Eun can stay by your side. Father, I love you lots.

아빠에게 하는 딸의 친밀한 기도

"내가 확신하노니 사망이나 생명이나 천사들이나 권세자들이나 현재 일이나 장래 일이나 능력이나 높음이나 깊음이나 다른 어떤 피조물이라도 우리를 우리 주 그리스도 예수 안에 있는 하나님의 사랑에서 끊을 수 없으리라"(롬 8:38-39).

아버지, 하나님 아버지의 하루는 어떠셨어요? 아버지께서 창조하신 세상 구석구석에 아버지의 완전한 통치가 이루어지는 그날을 믿음으로 바라보며 기도하고 있어요.
　아버지, 정은이가 아버지 앞에 있을 수 있어서 너무너무 감사해요. 저는 아버지 무진장 좋아해요.

My God, Who Chose Me and Healed Me

"You did not choose me, but I chose you and appointed you to go and bear fruit-fruit that will last. Then the Father will give you whatever you ask in my name."(John 15:16)

The joy that I felt when the same heavenly love that I experienced has been fed to them-staying in the foreign land of Korea like a wanderer, lonely, fearful, and afraid of the eyes of the world-through few simple homemade side dishes and kimchi stew that I prepared!

At that moment when I experienced that God given joy, the place that I stand becomes my heaven where I can feel your loving presence.

치유하시고 택하신 주님

"너희가 나를 택한 것이 아니요 내가 너희를 택하여 세웠나니 이는 너희로 가서 열매를 맺게 하고 또 너희 열매가 항상 있게 하여 내 이름으로 아버지께 무엇을 구하든지 다 받게 하려 함이라"(요 15:16).

낯선 한국 땅에 와서 두렵고 외롭고 세상의 눈치를 보는 집시와 같은, 나그네 같은 그들에게 집에서 만든 몇 가지 반찬과 김치찌개를 들고 찾아갑니다. 제게 부어 주셨던 하나님의 사랑이 그들의 숟가락에 한 숟갈 함께 올라가 그들의 영혼을 먹이는 모습을 바라보는 기쁨!

    주님 주신 그 기쁨을 누리는 순간, 그곳은 제게 주님의 따뜻한 임재를 느끼게 하는 천국이 됩니다.

Send Me, My Lord

"This is what God the LORD says— he who created the heavens and stretched them out, who spread out the earth and all that comes out of it, who gives breath to its people, and life to those who walk on it: I, the LORD, have called you in righteousness; I will take hold of your hand. I will keep you and will make you to be a covenant for the people and a light for the Gentiles, to open eyes that are blind, to free captives from prison and to release from the dungeon those who sit in darkness."(Isaiah 42:5-7)

Jesus has met with young missionary Jenny Jia, so that she will be able to overcome the heavy burdens of her life - from her father's alcohol and drug abuse, her mother's mental disease, and the needs of her young siblings and rise up as a disciple of Jesus.

나를 보내 주소서

"하늘을 창조하여 펴시고 땅과 그 소산을 내시며 땅 위의 백성에게 호흡을 주시며 땅에 행하는 자에게 영을 주시는 하나님 여호와께서 이같이 말씀하시되 나 여호와가 의로 너를 불렀은즉 내가 네 손을 잡아 너를 보호하며 너를 세워 백성의 언약과 이방의 빛이 되게 하리니 네가 눈먼 자들의 눈을 밝히며 갇힌 자를 감옥에서 이끌어 내며 흑암에 앉은 자를 감방에서 나오게 하리라"(사 45:5-7).

술과 마약에 찌든 아버지, 정신이상을 앓고 있는 어머니, 도움이 필요한 동생들, 녹록치 않은 삶의 무게에도 어린 제니 쟈 전도사님이 잘 이겨 내고 예수님의 제자로 설 수 있도록 예수님께서 만나 주셨습니다.

Giving 7.9 Billion Thanks

"He who sacrifices thank offerings honors me, and he prepares the way so that I may show him the salvation of God."(Psalms 50:23)

There has been a breakthrough in Smart Missionary project and our capabilities improved-allowing us to share more thanks with others as a missionary of thanksgiving. The missions of my fellow missionaries were being improved. My endurance towards things I want to achieve improved. My spiritual and mental health improved alongside my physical health-as I participated in daily 10,000 steps walking challenge for 100 days.

79억 개의 감사

"감사로 제사를 드리는 자가 나를 영화롭게 하나니 그의 행위를 옳게 하는 자에게 내가 하나님의 구원을 보이리라"(시 50:23).

스마트 선교 사역에 돌파가 일어나고 있으며 사역 역량이 강화되었고 사람들에게 감사를 나누는 감사 전도사가 되었다. 선교회의 사역들도 그 전보다 더욱 확장되어 가고 있다. 무엇보다 결단한 것은 반드시 성취되는 끈질긴 지구력이 놀랍게 향상되었다. 영적, 정신적 건강뿐 아니라 1만 보 걷기 100일에 도전하여 몸도 놀랍게 건강해졌다.

Shofar, the Instrument of God

"Therefore, holy brothers, who share in the heavenly calling, fix your thoughts on Jesus, the apostle and high priest whom we confess. He was faithful to the one who appointed him, just as Moses was faithful in all God's house. Jesus has been found worthy of greater honor than Moses, just as the builder of a house has greater honor than the house itself."
(Hebrews 3:1-3)

"Are we in more difficult times than the time described in the scriptures? The Christians in Asia Minor, who received the words of 1 Peter through the letters, have watched their friends, whom they just gave worship with yesterday, being burned on the poles on the streets just because they believed in Jesus Christ. Even when they watched these horrific sights, they still loved and trusted Jesus until the end and always found joy through Jesus. This is why we desperately need the Holy Spirit to come and fill our hearts, so we can love Jesus even more with faiths like the Christians of Asia Minor."

Part 3.. 마음에 새기는 영어 표현

하나님의 악기 쇼파르

"그러므로 함께 하늘의 부르심을 받은 거룩한 형제들아 우리가 믿는 도리의 사도이시며 대제사장이신 예수를 깊이 생각하라 그는 자기를 세우신 이에게 신실하시기를 모세가 하나님의 온 집에서 한 것과 같이 하셨으니 그는 모세보다 더욱 영광을 받을 만한 것이 마치 집 지은 자가 그 집보다 더욱 존귀함 같으니라"(히 3:1-3).

"지금 우리가 그때보다 힘들까요? 베드로전서를 편지로 받았던 소아시아 지역의 성도들은, 어제까지 함께 예배를 드리던 친구가 예수를 믿는다는 이유만으로 길가의 가로등이 되어 불에 타 죽는 모습을 보아야만 했습니다. 그런 장면을 보면서도 끝까지 예수님을 사랑했고 믿었으며 예수님으로 인해 기뻐했습니다. 우리도 이러한 믿음으로 예수님을 더욱 사랑할 수 있도록 성령님의 역사와 성령 충만이 필요합니다."

Breaking Away Our Hardened Hearts

I will give you a new heart and put a new spirit in you; I will remove from you your heart of stone and give you a heart of flesh. And I will put my Spirit in you and move you to follow my decrees and be careful to keep my laws.(Ezekiel 36:26-27)

On the final day, when the pastor told a mother who brought 3 children during his prayer to praise their children for their good deeds, I looked at myself, never commending any of my children and always pointing out their faults even when they became old enough to graduate from college, and began to weep. Yesterday, when I was having dinner with my husband and my daughter, I apologized to them repeatedly, explaining how sorry I was. I think this was the first time I ever apologized to someone in my life.

굳은 마음을 제하고 부드러운 마음으로

"또 새 영을 너희 속에 두고 새 마음을 너희에게 주되 너희 육신에서 굳은 마음을 제거하고 부드러운 마음을 줄 것이며 또 내 영을 너희 속에 두어 너희로 내 율례를 행하게 하리니 너희가 내 규례를 지켜 행할지라"(겔 36:26-27).

마지막 날 아이 셋 데리고 온 엄마에게 임재 기도를 해주실 때 '아이에게 잘했다고 칭찬해 주라'는 말씀에, 이미 대학교도 졸업한 아이들에게 칭찬을 안 하고 늘 지적하기만 했던 저 자신이 보여서 얼마나 통곡을 했는지 모릅니다. 어제 남편과 딸과 점심식사를 하며 미안하다고 사과를 했어요. 아마 사과란 걸 처음 한 것 같아요.

The Valley of Praise

> After consulting the people, Jehoshaphat appointed men to sing to the LORD and to praise him for the splendor of his holiness as they went out at the head of the army, saying: "Give thanks to the LORD, for his love endures forever." As they began to sing and praise, the LORD set ambushes against the men of Ammon and Moab and Mount Seir who were invading Judah, and they were defeated.(2 Chronicles 20:21-22)

I would be lying to myself if I said I didn't have any thought of becoming famous or accomplishing something great. But as I continued to serve during worship, I realized that none of those things were important, and the thoughts of wanting to be a man of worship for God's glory began to grow in my heart.

찬양의 골짜기

"여호사밧은 백성들과 의논한 다음에, 노래하는 사람들을 뽑아 거룩한 예복을 입히고, 군대 앞에서 행진하게 하였다. 그는 또 노래하는 사람들이 '주님께 감사하여라. 그의 인자하심이 영원하다' 하면서, 주님을 찬양하게 하였다. 노래하는 사람들이 그렇게 노래를 부르니, 주님께서 복병을 시켜서 유다를 치러 온 암몬 자손과 모압 자손과 세일 산에서 온 사람들을 치게 하셔서, 그들을 대파 하셨다."(대하 20:21-22, 새번역)

"솔직히 유명해지고 싶고 멋지게 뭔가 해내고 싶은 생각이 없었다고 말하면 거짓말이죠. 그런데 예배를 섬기다 보니 이제는 그런 게 중요한 게 아니라 하나님의 영광을 위해서 찬양을 하는 사람이 되고 싶다는 마음이 들었습니다."

The Plumb Line of My Heart

The Father loves the Son and has placed everything in his hands.(John 3:35)

If we think about our status, God, who is our creator, and I, who is his creation, our difference should be as great as the difference between the heavens and the earth. This very day is a gift from God, as we can pray, give thanks, and be joyful for God's grace of accepting us as our own even through our immense differences.

내 마음의 다림줄

"아버지께서 아들을 사랑하사 만물을 다 그의 손에 주셨으니"(요 3:35).

신분을 생각한다면 창조주 하나님과 피조물인 저는 하늘과 땅이 다름같이 달라야 합니다. 그럼에도 불구하고 자녀 삼아 주신 은혜에 감사하고 기뻐하고 기도하며 사는 오늘은 하나님이 주신 선물입니다.

2.
4 Stories

| 다문화가정의 가정예배를 위한 섹션입니다. 1주일에 한 편씩 자녀들은 영어로, 부모님은 한글로 읽고 나눔을 하도록 구성했습니다.

1) Yeonwoo's Prayer

While some of us may be complaining that every day feels as mundane as the day before, there are also some who give thanks to God for giving a new, beautiful day and filling the day with thanks.

Many of us understand the importance of living each day with a thankful heart, but we are also familiar with our thankful heart becoming muddled with the repetitive daily tasks and filling us up with negative thoughts.

Whenever you feel down, remember this adage: "The day that we are wasting right now is the tomorrow those who died yesterday yearned for".

If you remember these words, the appreciation for the day will surely come to you.

The testimony I would like to share with you today is from sister Seonghwa, beloved daughter of God, and how she was able

1) 연우의 기도 | 박성화

　오늘도 그날이 그날이다 지루해 하며 다람쥐 쳇바퀴 같은 하루를 보내는 분들이 계신가 하면, 새로운 날을 주신 하나님께 감사하며 하루를 감사로 채우는 분들도 계실 겁니다.
　감사하는 마음으로 하루를 살아야 한다는 것은 알지만, 반복되는 일상에 금세 감사는 사라지고 한숨이 절로 나오는 것을 많은 분이 경험해 보셨을 것 같습니다. 하지만 "우리가 헛되이 보내는 오늘은 어제 죽은 이가 그토록 살고 싶어 하던 내일이다"라는 말을 기억하고 살아간다면 오늘에 대한 감사가 저절로 생길 것 같습니다.

　오늘 읽어 드릴 사연을 보내 주신 성화 자매님은 암 수술을 받고 병원에 입원해 있는 동안 머리로는 알고 있지만 가슴까지 내려오지 않았던 '오늘에 감사하는 삶'이 가슴 깊이 깨달아졌다고 고백하는 하나님의 사랑받는 딸입니다. 제가 처음 하와이 코나 DTS에서 본 성화 자매님은 '외유내강', '현모양처'라는 말이 딱 어울리는, 밝고 친절한 미소를 지닌 자매님이었습니다. 어린 두 아들을 돌보느라 바쁜 와중에도 공동체의 지체들을 말없이 섬기는 모습을 보면서, 저보다 한참 어리지만 본받고 싶었습니다.
　DTS를 마치고 자매님은 인천 강화도로 가셨고, 저는 미국으로 와서 살면서 간간이 소식을 전하며 지냈습니다. 그러다 몇 개월 전에 자매님이 암 수술을 받으신다는 소식을 듣고 놀라서 위로하려고 연락을 드렸는데요. 하나님께 감사하며 담담히 수술을 준비하는 성화 자매님의 모습을 보면서 오히려 제가 위로와 도전을 받았던 기억도

to understand the meaning of "Giving thanks to everyday of your life" during her hospitalization after cancer surgery.

When I first met Seonghwa at Hawaii Kona Discipleship Training School, she was always bright with a big smile on her face and truly embraced the definition of "strong, ideal mother".

While she was much younger than I was, I always respected the way Seonghwa was always silently but firmly supporting the community of Kona DTS, even when she was always busy taking care of her two sons.

After finishing the DTS, Seonghwa returned to Ganghwa Island in Incheon, Korea, and I came back to the U. S. and exchanged news with her time to time. A few months back, I received a surprising word that Seonghwa was about to receive surgery for cancer, so I called her right away to offer words of comfort. But I ended up being comforted and challenged after listening to her unwavering gratitude to God while calmly preparing for her cancer treatment.

I give thanks to God, who is able to give such amazing peace to Seonghwa when she is a young mother with sons who are only 7 and 6 years old. Thinking back, it makes sense to me that the faces of Yeonwoo and Seonwoo, Seonghwas beloved sons, were always shining like the face of an angel when they are raised by such faithful woman of Christ.

Speaking of face of an angel, in Acts 6:15, it is written that everyone who sat in the Sanhedrin looked closely at Stephen's face, and his face was like that of an angel. While I hope that, just as Stephen did, as we live our lives while being moved by the spirit of God, our faces will also be seen as faces of angels in the eyes of others; but I don't think we will have many opportunities in our lives to see adults who show the face of an angel. But I am so thankful to know that I can often see a face that looks just like an angel on faces of a children like Yeonwoo and Seonwoo.

있습니다. 일곱 살과 여섯 살 된 어린 두 아들을 둔 젊은 엄마가 암 수술을 받게 되었는데도 평안을 유지할 수 있는 믿음을 주신 하나님께 감사했습니다. 이런 어머니의 손에서 자라나는 연우와 선우의 얼굴이 항상 천사와 같이 빛났던 것은 당연했다는 마음도 들었습니다.

사도행전 6장 15절을 보면 "공회 중에 앉은 사람들이 다 스데반을 주목하여 보니 그 얼굴이 천사의 얼굴과 같더라" 하는 말씀이 있는데요. 하나님의 영에 감동되어 살아가는 우리의 얼굴이 사람들의 눈에 스데반과 같이 천사의 얼굴로 보였으면 좋겠습니다만, 어른들 중에서 천사 같은 얼굴을 보게 되는 일은 그리 많지 않은 것 같습니다. 그렇지만 연우, 선우와 같은 어린아이의 얼굴에서는 천사의 얼굴을 볼 수 있어 얼마나 감사한지 모릅니다.

천진만난한 얼굴로 환하게 웃고 있는 모습, 곤히 잠든 모습, 때로는 우는 모습마저도 귀엽고 사랑스러운 아이들의 얼굴을 보면 "천사 같아"라는 감탄사가 저절로 튀어나옵니다. 예수님께서는 우리가 어린아이와 같이 되지 아니하면 결단코 천국에 들어가지 못할 것이라고 말씀하셨습니다. 성화 자매님이 연우가 기도하는 모습을 보면서 자신의 믿음을 돌아본 것같이 우리도 우리의 믿음을 돌아보는 시간이 되면 좋겠습니다.

찬양 올려 드리고 사연 읽어 드리겠습니다. 찬양은 "나로부터 시작되리"입니다.

안녕하세요! 저는 인천 강화도에서 저희 가족의 든든한 울타리가 되어 주는 신실한 남편과 함께 여덟 살, 일곱 살 연년생인 연우와 선우 두 아들을 키우면서 하나님을 기뻐하며 살고 있는 하나님의

When you look at faces of cute and lovely children, whether they are smiling brightly with innocent faces, sleeping deeply, or even when they are crying, you find yourself naturally thinking about how angelic their faces look.

Jesus himself proclaimed that we will never be able to enter the gates of heaven unless we were to be like children. While we listen to the testimony of sister Seonghwa, lets have a moment to look back on our faith-just as Seonghwa was able to think more about her own faith while watching Yeonwoo pray.

Let us first give praise to God and I will share the testimony of Seonghwa with you.

> Hello everyone!
> My name is Seonghwa Park, precious daughter of God who is living in the joy of God with Yeonwoo and Seonwoo, my 8- and 7-year-old sons, and my faithful husband-a strong, dependable fence for our family-in Ganghwa-do, Incheon. Looking back, our family had many difficult moments just like any other family might have. I had many sad events, such as the death of my mother-in-law and the cancer surgery of my father, and(although my time with him hasn't been too long) there were times when I doubted myself after having disagreements with my husband, and I even had to go through cancer surgery myself. Every time I found myself standing in front of the painful events of my life, God never left me by myself, comforted me, and spoke to me so I can give up my stubborn mind and lead me towards having a faithful and thankful heart.
>
> While my life hasn't been too long at all, when I remember all the love that God poured into my life, I cannot even attempt to list the sheer number of blessings he gave. But one memory that is especially precious to me is God's promise that I will have a child of my own.

소중한 딸 박성화입니다.

돌아보면 저희 가정도 여느 가정과 같이 굽이굽이 힘든 시간들이 있었습니다. 건강하던 시어머님의 갑작스런 소천과 친정아버님의 암 수술과 같이 예상치 못한 아픔이 있었고, 그리 길진 않았지만 남편과 마음이 맞지 않아서 갈등했던 시간들도 있었으며, 제가 암에 걸려 수술을 받아야 했던 일 등등…. 인생에서 겪는 고통 앞에 서게 되었을 때마다 하나님은 한 번도 저를 혼자 두지 않고 위로해 주셨고, 말씀을 주셔서 제 고집을 버리고 순종하며 감사할 수 있는 마음으로 바꿔 주시고 인도해 주셨습니다.

그리 길지 않는 제 인생이지만 그 안에서 부어 주신 하나님의 사랑을 기억해 보면, 일일이 다 열거할 수 없을 정도로 많습니다. 특별하게 제게 잊히지 않는 소중한 기억 중 하나는 자녀를 주신다는 약속의 말씀을 주신 것입니다.

첫 아이 연우를 낳기 전, 임신 초기에 유산이 되는 일이 몇 번 거듭되어서 마음이 힘들었던 때가 있었습니다. 그즈음 기도를 많이 한다는 분께서 저의 기도를 하시더니, 조상의 죄에 묶였기 때문에 아이를 낳지 못하는 거라는 황당한 말씀을 하셨습니다. 저는 그분께 나의 하나님은 조상의 죄로 저를 저주 안에 묶어 두시는 그런 하나님이 아니라고 말했고, 돌아와서 상한 심령으로 하나님 앞에 간절히 기도했습니다.

그때, 하나님께서 마음 속에 들려 주신 말씀이 시편 113편 9절 말씀이었습니다.

"또 임신하지 못하던 여자를 집에 살게 하사 자녀들을 즐겁게 하

Before I gave birth to Yeonwoo, my firstborn son, I was very distressed as I went through many early miscarriages. During that time, I remember one day, a member of the church, who claimed that he prays a lot, came up to me and prayed for me, and to my surprise, told me that I was unable to have a child because I was bound by the sins of my ancestors.

I respectfully told that member that my God is not a God who will keep me held in the curse from the sins of my ancestors and began to pray to God with my broken heart.

At that moment, God spoke to me the words of Psalms chapter 113 verse 9:

He settles the childless woman in her home as a happy mother of children.

Praise the Lord.

While I was keeping this verse to my heart and meditating, I noticed that the verse said "happy mother of children", and thought that this may be a promise from God that I will have multiple children.

I was able to experience the joy of God's words becoming fulfilled, as soon after, I became pregnant and gave birth to Yeonwoo and I was able to get pregnant with Seonwoo just after 6 months.

As I was not physically fit, it was difficult for me to raise 2 young children with seemingly endless energy, but I tried my best to raise them with lots of love and with the gospel close to their hearts-as they were precious children promised to me by God.

One day, my husband had the opportunity to serve as an administrative assistant for the DTS in Kona, so I joined the DTS as a student with both of my children.

One of the many trainings during the DTS was a time dedicated to practice hearing God's words, and my family prayed earnestly so

는 어머니가 되게 하시는도다 할렐루야."

그 말씀을 마음에 간직하고 묵상하면서, 이 말씀이 영어로 'Children'이라는 복수로 쓰여 있으니까 자녀를 한 명이 아니라 두 명 이상 주시겠다는 약속의 말씀 같다는 생각이 들었습니다. 그런데 정말 얼마 지나지 않아서 임신하고 연우가 태어나고, 연우를 낳은 지 6개월 후에 선우를 임신하여 건강한 두 아들을 낳게 되었습니다. 그렇게 하나님께서 기도 중에 주신 말씀이 이루어지는 기쁨을 누릴 수 있었습니다.

에너지가 넘치는 연년생의 두 아들을 키우는 것이 체력이 약한 저에게는 쉬운 일이 아니었지만, 약속의 말씀을 주시고 맡겨 주신 아들들이었기 때문에 다른 것은 좀 부족하더라도 말씀 안에서 사랑으로 키우면서, 말씀을 가까이하며 기도하는 부모의 모습을 보며 자랄 수 있도록 해주려고 마음을 다했습니다.

그러던 중에 남편이 코나에서 열리는 DTS 간사로 섬기게 되면서 저와 아이들도 함께 학생 신분으로 참여하게 되었습니다. DTS 과정 안에는 하나님의 음성을 듣는 훈련 시간이 있었고, 저희 부부는 아이들도 하나님의 음성을 들을 수 있기를 기도했습니다.

코나에서 보내던 어느 날, 교통 편이 불편해서 코스트코에 가는 일이 쉽지 않은 몇몇 형제님들을 섬기기 위해 남편이 형제님들을 차에 태우고 쇼핑하러 가는 길에 저와 아이들도 함께 가게 되었습니다. 남편은 함께 간 형제님들과 이야기를 나누며 쇼핑을 했고, 저는 연우와 선우를 데리고 쇼핑을 했습니다.

집에 갈 때가 되었는데 이리저리 둘러보아도 넓디 넓은 코스트코

we can hear his words.

As we were continuing our time in Kona, there was a time when my husband volunteered to provide rides to Costco for church members without easy means to get around. As I needed to do some groceries myself, I followed my husband with my two boys.

My husband was talking with the members of the church and assisting their shopping, while I was buying the goods for our family with Yeonwoo and Seonwoo. After a while, I began to look for my husband as it was time to head back home, but he was nowhere to be found.

Yeonwoo noticed me getting frustrated from searching for my husband in the giant Costco store, and he said "Mom, let me try praying and asking where Dad is".

After he gave his prayer, Yeonwoo then told me "Mom, go over there and turn, go straight again and turn left and Dad should be there!"

Although it was hard for me to believe his words, I didn't want to hurt Yeonwoo's feelings by dismissing him outright, so I said "Really? Did God tell you where he is? Let's go then!" and began to follow where Yeonwoo was leading me to.

Even when I was following Yeonwoo, I still had my doubts, so I still looked left and right for my husband. Then, Yeonwoo suddenly said "Mom, almost there! He should be right there if we turn left here" and ran around the corner. When I quickly went after him, Yeonwoo was in the loving embrace of my husband. When I saw this sight, I thought:

"My God! Did you really speak to Yeonwoo?" and gave a silent prayer for this amazing event.

The way that Yeonwoo was growing up as a child of faith, having many small experiences his prayers being answered by God, turned into a big joy and gratitude in my life.

매장 어디에도 남편은 보이지 않았습니다. 남편을 찾지 못해 애를 태우는 저를 보면서, 연우가 갑자기 "엄마, 아빠가 어디 계신지 제가 기도해 볼게요" 하더니 눈을 감고 잠시 기도를 하는 것이었습니다. 기도를 마친 연우는 "엄마, 저쪽으로 가서 꺾고, 다시 쭉 가서 제일 끝에서 왼쪽으로 가면 아빠가 있대요" 하고 말했습니다. 전 연우의 말이 믿어지지 않았지만, 진지하게 기도하고 나서 말하는 연우의 마음에 상처를 줄 수가 없어서 "그래? 하나님께서 정말 그렇게 말씀하셨어? 그럼 한번 가볼까?" 하면서 앞장서는 연우를 따라갔습니다. 따라가면서도 연우의 말에 반신반의하고 있었기 때문에 연신 좌우를 둘러보며 남편을 찾으며 갔습니다. 연우가 다시 "엄마, 다 왔어요. 저기서 왼쪽이에요" 하고는 달려가서 왼쪽으로 뛰어갔습니다. 급히 따라가 보니, 연우는 아빠의 품에 안겨 있었습니다. 그 모습을 보며 '오 하나님! 정말 하나님께서 연우에게 말씀하신 것입니까?' 하는 기도가 저절로 나왔습니다.

기도하고, 그 기도대로 이루어지는 작은 일들을 여러 번 경험하면서, 어리지만 하나님께서는 살아 계시고 항상 우리의 기도를 들어주시는 분이라는 믿음을 가진 아이로 자라는 연우의 모습이 제게는 큰 기쁨과 감사가 되었습니다.

선교 훈련을 마치고 한국에 돌아와 보니, 미세먼지는 점점 심해지고 있었습니다. 가족이 함께 외출했던 그날도 어김없이 미세먼지가 너무 심했습니다. 핸드폰에 있는 앱으로 체크해 보니 미세먼지 수치는 100을 훌쩍 넘어 있었고, 그 수치를 보며 미세먼지 때문에 큰일이라고 걱정하면서 미세먼지의 원인이 된 나라를 원망하고 있는 우

After we returned to Korea from the DTS, the micro-dust was becoming more severe.

The dust levels were the same on the day when we had our family outing. When I checked my app to see the levels of dust, it was way over 100, and I began to talk to my husband about how serious the problem of dust in Korea has become and my worries for the future generation. Yeonwoo, who was silently listening to our conversation, came up to us and said:

"Mom, I think it would be good if I can pray that the micro-dust can go away. I'll pray!"

Then he closed his eyes and started to pray right where he was standing. After he finished his prayer, Yeonwoo said "Mom, I prayed so the dust should be gone! Check Now!" and kept on begging me to check my phone for the dust level.

When I checked the app just as Yeonwoo asked, the dust levels have gone down ever so slightly. When he saw the results of the app, Yeonwoo was happily jumping up and down as his prayers to reduce the levels of dust was answered.

Because the dust level decreased so slightly, it could have been due to an error during the measurement of dust in the air, but my husband and I were nevertheless happy to see Yeonwoo's faith developing through his prayers being answered.

Another similar event happened when Seonwoo unfortunately caught the flu from the daycare and spread the flu to everyone in the family.

When the family was on the way to the hospital to be tested for the flu and get medication, Yeonwoo suddenly told me: "Mom, I prayed and apparently I don't have the flu", so I responded "Really? Did God tell you that you don't have the Flu? Let's get tested just in case," and continued to the hospital.

Although we all shared similar symptoms, the results of the test revealed that Yeonwoo was the only one who did not have the

리 부부의 대화를 가만히 듣고 있던 연우가 저희에게 말했습니다.
"엄마, 미세먼지가 없어지도록 하나님께 기도하면 좋겠어요. 제가 기도할게요."
그러더니 그 자리에서 눈을 꼭 감고 기도를 했습니다. 기도하고 나서는 "엄마 제가 기도했으니까 미세먼지가 분명히 없어졌을 거예요. 빨리 체크해 보세요" 하고 졸랐습니다. 그럴 리가 없겠지만, 연우가 말한 대로 앱을 켜서 확인해 보니 정말로 미세먼지 수치가 조금 낮아져 있었습니다. 할렐루야! 연우는 자기가 기도해서 낮아졌다고 깡총깡총 뛰면서 좋아했습니다. 낮아진 수치가 큰 게 아니기 때문에 앱이 측정하면서 오차가 있었을 수도 있지만, 연우가 기도하고 응답 받는 것에 대한 실망 없이 기쁨을 누리는 모습을 보게 되어서 저희 부부도 함께 기뻐했습니다.

또 한번은, 둘째 선우가 어린이집에서 독감에 전염되어서 온 것을 시작으로 온 가족이 고열이 나고 독감 증세로 고생한 적이 있었습니다. 가족 모두 독감 검사를 받고 약을 받기 위해서 병원으로 가는 길에 차 안에서, 연우가 "엄마, 제가 기도했더니 저는 독감이 아니래요" 하고 말했습니다. "그래? 하나님께서 독감이 아니라고 하셨니? 그래도 검사는 해 보자" 하고 병원에 갔습니다. 감기 증상은 모두 같았는데 검사 결과를 보니 연우 말대로 연우만 독감이 아니었습니다. 연우는 자기 말대로 자기만 독감이 아닌 것이 신이 났고, 저는 연우가 기도하는 것을 기쁘고 즐거운 일로 알게 되는 것이 좋아서 감사했습니다.
하지만 약을 받아 와서 먹었음에도 열이 떨어지지 않아서, 연우에

flu-just as he had told me.

Yeonwoo was happy to know that he was able to know through his prayer that he was the only one without the flu, and I was thankful to know that Yeonwoo started to view praying as something to be happy and excited for.

Our family received the medication, but Yeonwoo's temperatures did not seem to go down even after taking the medicine. When I suggested to Yeonwoo that we should take another testing for the flu for him, he said "Mom, I prayed again and God told me that I don't have the flu."

When we got the second results for the flu test, it was revealed that Yeonwoo indeed did not have the flu, just like he had been saying. The new medication for flu thankfully worked on Yeonwoo-as he shared the same symptoms as us-and Yeonwoo was extremely hapy to know that God was able to confirm twice that he did not have the flu.

"See! I told you! God really told me that I did not have the flu!"

When I heard these words of excitement from Yeonwoo, I took a moment to reflect back on my faith.

I also remembered the words of Jesus that stated that no one can enter the gates of heaven if they don't have pure faith like that of children.

When I thought to myself, "Do I bring up every problem, no matter how small or ridiculous it might seem, to God-just as Yeonwoo is doing?" I felt embarrassed to see my shortcomings:

While it is true that most of us pray during times of trouble or important decisions, do we ask for God's opinion and answer for anything else in our lives-when God is always with us and protecting us like his own eyes?

I also thought about how joyous God will be when we can all be like Yeonwoo and ask for God's guidance for everything in our lives-such as asking for where my dad is in Costco, clearing up the dust in the air, or even asking if I have the flu.

게 다시 병원에 가서 독감 검사를 한 번 더 받자고 했습니다. 그랬더니, "엄마, 또 기도했는데 나는 독감이 아니래요" 하고 말했습니다. 병원에 가서 다시 검사를 받았을 때도 연우 말대로 독감이 아니었습니다. 증상이 독감이기 때문에 독감 약을 처방받아서 그 약을 먹고 열이 떨어지고 나았지만, 연우는 하나님께서 자기에게 말씀해 주신 대로 독감이 아니었다는 것을 두 번이나 확인받아서 너무 좋아했습니다.

"그거 보세요. 제 말이 맞잖아요. 전 독감이 아니라고 하나님께서 말씀해 주셨다니까요."

신나서 말을 하는 연우를 보면서, 저의 믿음을 돌아보게 되었습니다. 어린아이와 같이 순전한 믿음이 없이는 천국에 들어갈 수 없다는 예수님의 말씀도 떠올랐고요. 연우처럼 작고 사소한 문제나 때로는 이성적으로 말도 안 되는 것으로 생각되는 일까지도 하나님께 기도하고 있는가 하고 저 자신을 돌아보았을 때, 부끄러운 마음이 밀려왔습니다. 인생에 고난이 닥쳐오거나 큰 결정을 해야 할 때는 기도하지만, 눈동자와 같이 지키면서 우리의 머리카락 숫자까지도 세시는 하나님, 한순간도 우리 곁을 떠나지 않으시는 하나님을 매 순간 인정하면서 하나님께 의견을 묻고, 조언을 구하고, 대답을 들으며 살고 있는가? 연우가 코스트코에서 "아빠가 어디 계시죠?" 하고 곁에 계신 하나님께 묻고 "미세먼지 좀 없애 주세요" 하고 부탁드리고, "저 독감에 걸린 건가요?" 하고 물어 본 것처럼, 매 순간순간 하나님을 찾는다면, 하나님께서 얼마나 좋아하실까 하는 마음이 들었습니다.

또 연우가 세상 속에서 자라나면서, 우리 어른들이 그랬던 것처럼

When Yeonwoo continues to grow, just as it is for many adults, he may begin to love his friends, lover, and worldly success more than God. As it is my duty as a parent to guide Yeonwoo and Seonwoo to be like Samuel and help them to dedicate their entire lives to obeying and listening to God's word through prayer, I repented for my lack of prayer and promised to give more prayers in my life.

I once saw a short article stating that children are teachers of their parents.
Although children have less experience and knowledge than adults, I believe that for children who believe in God, the Holy Spirit will be with them and the army of heaven will protect and guide their paths. This is why I hope and pray that we won't teach our children based on our worldly experiences, but pray that the Holy Spirit can always be with our children to guide and educate them-and accept and respect the ways that in which our children act through the teachings of God.
If your children haven't had the experience of listening to the voice of God, I will cheer and pray that one day, through your desperate prayers, God will reveal his voice to your children-just as he has called out to Samuel by his own name.
Thank you for listening to the story of my family. Peace be with you!

Just imagining the sight of Yeonwoo praying to God makes me feel so proud for Yeonwoo's faith and give me a newfound hope in our future generation. As I end today's story, I would like to listen to a praise titled "God raises Davids during the time of Saul", a praise blessing our children to be raised up like David in the end times-and also one of Yeonwoo and Seonwoo's favorite praise song.

Let us give praise with a heart dedicated for blessing our next generations.

하나님보다 친구가 더 좋아지고, 사랑하는 사람과 세상의 성공에 마음을 더 뺏기게 될 수도 있기에, 부모인 우리는 연우와 선우가 그렇게 되지 않고 사무엘과 같이 평생을 하나님의 음성을 듣고 순종하는 하나님의 사람이 되도록 기도하며 양육해야 하는데, 부모인 우리가 연우보다 더 기도하지 않고 살아서는 안 되겠다는 반성도 하게 되었습니다.

자식은 부모의 스승이라는 글을 본 기억이 있습니다. 어른들보다 경험이 적고 지식도 적은 어린아이들이지만, 하나님을 믿는 아이들에게는 하나님의 영이 함께하시고 천군 천사로 지키시고 도우신다는 것을 믿습니다. 그러기에 어른들의 세상 경험에서 나온 생각들로 가르치기보다 아이들과 함께하시는 하나님의 성령께서 친히 가르쳐 주시고 인도하시기를 기도하며, 그런 아이들의 모습을 존중하고 인정해 주는 우리가 되었으면 좋겠다는 소망으로 기도를 드립니다. 아직 하나님의 음성을 경험해 보지 못한 자녀가 있다면, "사무엘아" 하고 부르셨던 하나님의 음성이 자녀들에게 들리기를 간절히 기도하기 바랍니다. 그날이 곧 올 거라고 믿고 응원하며 기도드리겠습니다. 저희 가정의 이야기를 들어 주셔서 감사합니다. 평안하세요!

연우가 하나님께 기도하는 모습을 상상만 해도 마음이 뿌듯해지고, 다음 세대에 대한 소망이 생깁니다. 마지막 때에 다윗과 같이 일어나는 우리들의 자녀들을 축복하는 찬양이면서, 또한 연우와 선우가 좋아하는 찬양을 소개합니다. "사울의 때에 다윗들이 준비되네"라는 찬양인데, 다음 세대를 축복하는 마음으로 함께 찬양하면 좋겠습니다. 찬양 올려 드립니다.

2) Jesus, who came in an amber light

Just as there are events in the world that serves as a point of great change that affects the way of life for all of humanity, I believe that individuals also have an event that serves as a turning point to change their entire lives. When I listen to the stories of my acquaintances who tell me that their lives have been changed, I sometimes see their eyes tear up and unable to continue talking as they get overwhelmed by their emotions. At that moment, I also cry with them and feel sparks of emotions within myself, as if we were together at that moment when their lives have changed.

Now, as I share with you the story of Moses Park, our brother in Christ, I invite you to experience the amazing moments that he experienced. As you see the amber light that 15-year-old Moses saw through the window of a small chapel in a rural village, meet the locals of Philippines that 25-year-old Moses met, and smell the kimchi soup that the 52-year-old Moses cooks as a diaspora living in the United Staes, I wish that you will be able to understand that the center of brother Moses's life has been Jesus-our living God.

Before we begin, let's start by listening to a praise called "The

2) 노란 빛으로 찾아오신 예수님 | 박모세

"빌라델비아 교회의 사자에게 편지하라 거룩하고 진실하사 다윗의 열쇠를 가지신 이 곧 열면 닫을 사람이 없고 닫으면 열 사람이 없는 그가 이르시되 볼지어다 내가 네 앞에 열린 문을 두었으되 능히 닫을 사람이 없으리라 내가 네 행위를 아노니 네가 작은 능력을 가지고서도 내 말을 지키며 내 이름을 배반하지 아니하였도다"(계 3:7-8).

역사에서 인류 전체의 삶의 모습에 영향을 주는 큰 변화의 계기가 되는 사건들이 있는 것처럼, 한 사람의 인생에도 인생 전체가 바뀌는 계기가 있는 것 같습니다. 지인들 중에서 하나님을 만나 인생이 바뀌었다는 이야기를 하는 분들을 만나서 이야기를 듣다 보면, 말씀하는 중간중간 눈시울이 붉어지고 목이 메는 모습을 볼 때가 있습니다. 그 순간에 듣는 저도 함께 눈시울이 붉어지고 온몸에 전율이 일어나며, 마치 그 순간에 함께 그곳에 있는 듯한 느낌을 받기도 합니다.

이 시간에는 모세 형제님의 사연을 전해 드리겠습니다. 시골 마을의 작은 예배당 창문으로 몰래 예배당 안을 들여다보던 열다섯 살 소년 모세가 본 노오란 빛을 함께 보시고, 필리핀의 오지에서 복음을 전하던 스물다섯 살 청년 모세가 만났던 현지인들을 직접 만나 보십시오. 그리고 디아스포라가 되어 미국에서 살고 있는 쉰두 살의 장년 모세 형제님이 끓이는 시큼한 김치찌개의 냄새도 맡아 보는 시간이 되셨으면 좋겠습니다.

그 시간들 속의 주인공이 바로 살아 계신 예수 그리스도시라고

Song of Jochebed", a song that illustrates the dedication of Moses's life to God—his true parent.

Brother Moses described the moment Jesus came to his life as an amber ray of light.

One day, when Brother Moses was in 2nd grade of middle school, a chapel was built in the small rural neighborhood he lived in. When the children who were evangelized began to go to church one by one, Moses and his friends, who were influenced by the adults of the village that had a negative opinion of the church, started to tell the children that it is bad to go to the chapel. However, the children who already attended church ignored their words and continued to go to church. When Moses saw that the children were consistently attending church, he became curious and wanted to go to the chapel as well. But because he remembered that he actively told the children that the church was bad, he did not have enough courage to enter the chapel, and he was secretly looking into the chapel through its windows. When Moses looked in, a bright light shined upon him. It was a brilliant amber light that pierced between the curtains of the chapel. The amber light felt alive, and Moses felt that it was talking to him and touching his heart. Through this inexplicable experience, Moses firmly decided to attend church. When I heard this story, I thought that this bright amber light was the same

공감하는 복된 시간 되길 기대하며, 참 부모이신 하나님께 모세의 인생을 맡기는 찬양, "요게벳의 노래"를 먼저 올려 드리고 이야기 시작하겠습니다.

모세 형제님은 자신의 삶에 예수님께서 찾아오신 순간을 노오란 빛으로 표현하셨습니다. 모세 형제님이 중학교 2학년이던 어느 날, 형제님이 살고 있던 작은 시골 동네에 예배당이 들어섰고 전도를 받은 아이들이 하나둘씩 교회에 나가기 시작했습니다. 아이들이 교회에 다니는 것을 좋지 않게 생각하는 시골 어른들의 영향을 받은 모세 형제님과 몇몇 친구들이 아이들을 모아 놓고 교회에 다니지 말고 같이 놀자고 몇 번을 말렸지만, 한번 교회에 나가기 시작한 아이들은 그 말을 듣지 않고 계속해서 교회에 갔다고 합니다. 동네 아이들이 열심히 교회에 나가는 것을 보고 모세 형제님도 호기심이 생겨서 가보고 싶은 마음이 들었지만, 가지 말라고 앞장서서 말렸기 때문에 교회까지 가서도 차마 예배당 안에 들어갈 용기가 없어서 예배당 창문으로 몰래 예배당 안을 들여다보고 있었답니다.

그런 모세 형제님에게 빛이 비추었습니다…. 예배당 창문에 늘어진 커튼 사이를 뚫고 나오는 노오란 불빛이었는데, 마치 살아서 말을 거는 것과 같은 빛이 형용할 수 없는 느낌으로 형제님의 마음을 만져 주었고, 알 수 없는 그 힘에 이끌려 교회에 다닐 결심을 했다고 합니다. 저는 이 이야기 속에 나오는 노오란 빛의 색이, 두 살 때 아버지가 돌아가신 후에 아버지의 정을 모르고 자란 모세 형제님에게 참 아버지가 되어 주려고 베푸신 하나님의 따뜻한 사랑과 긍휼한 마음의 색깔 같다고 생각했습니다.

color as the loving heart of our father in heaven, who wanted to become Moses's true father—as Moses's biological father passed away when he was only 2 years old.

After the day he saw the light, Brother Moses loved going to church with all of his heart, so much that, when he heard the chapel bell ring at dawn, he would attend church before going to school, and he would come back to church that same evening and help the pastor repair the church by moving bricks. Moses even collected used bottles and junk and sold it at the junkyard to earn money to give offering at the church. The earnest teenage Moses wanted to attend a seminary to become a pastor, but he was unable to do so because of the economic hardship of his family and became a government worker at the local post office. While he was working at the post office, Moses heard a testimony from an elder of the church. The elder testified that, although he was recognized by family and church was successful in his business, there was one thing that he always deeply regretted in his life—which was not being truly devoted to God in his youth.

After hearing the elder's testimony, Moses strongly felt that he wanted to fully dedicate his time early to God as well. Soon after, Moses had an opportunity to go on a short-term missions trip to a remote area in the Philippines for a year. Remembering the elder's

그날 이후 모세 형제님은 교회에 가는 게 너무 좋아서 새벽 종소리가 들리면 교회에 갔다가 학교에 가고, 학교가 끝나면 바로 교회에 가서 직접 벽돌을 쌓아 올리며 교회 건물을 짓고 계시는 목사님을 도와드리고, 폐품들과 병들을 주워서 고물상에 팔아서 교회 건물을 짓도록 헌금하는 신실한 청년이 되었습니다. 신학교에 가서 목사가 되고 싶었지만 어려운 가정 형편과 가족들의 반대로 등록금을 내지 못한 아픈 기억을 뒤로 하고, 가족들의 권유대로 우체국 공무원이 되어서 생활했습니다.

어느 날, 모세 형제님은 한 장로님의 간증을 들었습니다. 장로님은 가정과 교회에서 인정받고 사업에도 성공해서 남 보기에 좋은 인생을 사는 것 같지만, 한가지 뼈저리게 후회되는 일이 있다고 말씀했습니다. 그것은 젊은 날에 하나님 앞에 헌신하지 못했다는 것이었습니다. 그 간증을 듣고, 만약 기회가 주어진다면 형제님도 젊은 날을 하나님께 헌신하며 살고 싶다는 마음이 들었습니다.

그런데 얼마 지나지 않아서, 1년간 필리핀의 오지에 단기 선교사로 나갈 기회가 왔습니다. 장로님의 간증을 생각하며 다니던 우체국을 그만두고 단기 선교사로 갔는데, 그 일을 계기로 모세 형제님의 삶이 그동안 한 번도 상상해 보지 못했던 방향으로 전개되었다고 합니다. 1년간 성실하게 사역하는 모습을 본 장로님의 추천으로 미국에 있는 교회에서 모세 형제님을 초청해 주어서 영주권을 받고 미국에서 살 수 있게 된 것입니다.

시골의 작은 마을에서 태어나고 자라난 모세 형제님은 그때까지 한 번도 미국에서 살고 싶다거나 미국에 가게 될 것이라는 생각을

testimony, Moses gave up his job at the post office and went on to become a short-term missionary, and his life began to go towards a direction that he never had imagined before. To his surprise, the elder watched Moses fervently dedicate his life to God for a year, and invited him to a church in the United States and helped him through the processing of permanent residency. As he was born and raised in a small rural village in South Korea, Brother Moses never wished or thought to live in the United States and only had plans to earn a stable income as a government worker. When Brother Moses explained to me that this was all planned according to God's will, I remembered a passage from the book of Proverbs which states that: "humans plan their course, but the Lord establishes their steps".

When he was just 25 years old, Moses experienced many difficulties in his mission field. He lived in the remote village, which you can only reach by walking for more than 2 hours, in the mountains of Mindanao, Philippines—which is still classified as a dangerous area. There was even a time when Moses became a target of the anti-government military and he had to receive help from a local church member to avoid being killed. All of these difficulties became an unforgettable memory for Moses, and he believes that only by going through these hardships, God was able to give the greatest gift to him-the unfaltering faith and

해 본 적이 없었고, 직업적으로 안정적인 공무원으로 살겠다는 계획만 가지고 있었습니다. 이 일은 자신의 계획이 아니라 하나님의 계획 안에 이루어진 일이라고 믿는다고 말하는 모세 형제님을 보면서 "사람이 마음으로 자기의 길을 계획할지라도 그의 걸음을 인도하시는 이는 여호와시니라" 하신 잠언의 말씀이 떠올랐습니다.

필리핀의 민다나오 지역 중에서도 차가 다니지 않는 산길을 2시간 이상 걸어서 올라가야 나오는 오지 마을에서 보낸 1년여의 시간 동안 겪은 갖가지 고생, 반정부군의 타깃이 되어서 죽을 뻔한 고비를 현지 교인의 도움으로 무사히 넘긴 이야기 등등, 지금도 위험 지역으로 분류되어 있는 민다나오 산간 지역에서 스물다섯 살의 청년 모세 형제님이 경험한 많은 일들은 평생 지워지지 않을 기억으로 남았습니다. 그러나 그 1년의 시간이 있었기 때문에 평생 하나님을 신뢰하며 믿음 안에서 떠나지 않는 신앙인으로 살 수 있게 되었다며, 그것이 하나님께서 그 기간에 주신 가장 큰 은혜라고 생각한다고 했습니다. 이 말을 들으며, 1년의 헌신을 받으시고 평생을 보장해 주시는 하나님, 풍성히 복 주시기를 기뻐하시는 하나님의 마음이 제게도 깊이 느껴졌습니다.

모세 형제님과 필리핀에서 1년 동안 통역을 하면서 파트너로 함께 사역했던 현지 청년은 신학교에 가서 목사가 되었습니다. 청년은 나중에 다른 나라에 선교사로 가서 사역하고 싶었지만 공부하는 데 필요한 등록금이 없었습니다. 그 말을 들은 모세 형제님은 그동안 모아 두었던 돈을 모두 그 청년에게 주고 선교지를 떠났습니다. 그러다 25년이 지난 후에야 그 청년의 소식을 듣게 된 것도 형제님의 삶

devotion to God. Hearing his story of faith also helped me to give thanks to God who loves to bless his followers who endure through the hardships of life.

Moses is still living today as a strong man of faith who continues to put his faith to God who never abandoned him in his most difficult hours.

Moses also shared with me a story of how he helped a local youth—who worked as an interpreter for the year he was serving in the Philippines—to achieve his dreams of studying in the seminary and becoming as pastor. When Moses heard that the youth did not have enough money to enroll in the seminary, he donated all of the money he saved to the youth and left the Philippines.

Moses heard 25 years later that the youth successfully graduated seminary was now serving in the mission project in Pakistan. Moses told me that he was crying tears of joy after he heard this amazing news, as he knew that this was the precious fruit that God allowed to grow in his life as a Christian.

It is said that you should be able to show the values and wonders of God through your life as a Christian. If this was how God intended to show his love, by using Moses to help a youth walk a straight path to God, you can definitely say that Moses lived a fruitful life of a Christian by demonstrating God's blessings

에 깊은 영향을 주었다고 하셨습니다.

그 청년이 신학교를 졸업하고 교목으로 사역하다가 파키스탄으로 가서 선교 사역을 하고 있다는 소식을 전해 들을 때, 모세 형제님은 하나님께서 모세 형제님의 인생 가운데 맺어 주신 값진 열매라는 감동으로 가슴이 뭉클하고 눈물이 났다고 하셨습니다.

크리스천의 삶에는 능력이 나타나야 하는데, 그 능력이 바로 이렇게 사명자의 길을 걷도록 돕는 능력이라면 참으로 복되고 귀한 능력이 나타난 삶이라고 말할 수 있을 것입니다. 작은 씨앗을 심은 것과 같은 섬김 위에 하나님께서 크신 능력의 손으로 직접 물을 주고 키우셔서 열매를 맺게 하시고 그 열매를 보는 기쁨을 모세 형제님께서 누릴 수 있도록, 25년이 지난 후에도 잊지 않고 복된 소식을 전달 받게 해주신 하나님께서는, 지금도 누군가가 복음의 씨앗, 사랑의 씨앗을 뿌리기를 기다리고 계신다고 우리에게 말씀해 주는 것 같습니다. 이 이야기가 우리들의 마음에 선명하게 새겨져서 하나님께서 키우실 복된 씨앗을 많이 뿌리는 사람들, 능력이 나타나는 삶을 살고 싶은 사람들에게 아름다운 도전이 되었으면 좋겠습니다.

결혼하여 네 아들의 아버지가 된 모세 형제님은, 아들들에게 좋은 아버지가 되고 싶지만 아버지가 일찍 돌아가셨기 때문에 아버지에 대한 기억과 남편의 역할에 대해서 집안에서 보면서 배울 기회가 없었던 것이 마음에 걸렸다고 합니다. 그래서 성경적인 아버지는 어떤 아버지인지 가르치는 아버지학교에 등록하고 간사로도 섬기면서 성경적인 아버지의 모습을 배우고 있다고 합니다.

본인이 만든 김치찌개는 먹는 사람마다 감탄하는 맛을 자랑하고

through his actions.

I pray that God, who was able to plant the seed of blessing in the Philippines and nurtured it so Moses can enjoy its fruits even 25 years after his work as a missionary, will continue to plant his seed to every one of us. I hope that the story of Moses's experience in the Philippines can challenge each one of our hearts, so we would want to sow the seeds of God and demonstrate his miracles through our lives as a Christian.

Moses, who is now a father of 4 sons, told me that he always felt troubled about the fact that he wanted to be a good father to his sons, but he did not have any memories or examples of how a good father should be like as his own father passed away when he was just 2 years old. This is why Moses explains that he is attending a Father's school hosted by his church where he can learn about how the bible describes a good father should be like.

While Moses is lovingly devoted to his family, he still personally feels that he cannot express even a smallest fraction of the love that God the father poured over his life. However, he told me that he was able to fulfil one of his personal goals towards becoming a good son to God—which is dedicating a praise song that he wrote and composed himself to God. Although this goal was very difficult to achieve for Moses as he did not have any experience learning music, he luckily was able to attend the newly made choir group in his church. After 2 years

김장도 혼자서 할 정도로 가정적인 분이지만, 아직도 하나님 아버지께서 자신에게 부어 주셨던 그 사랑의 넓이와 깊이의 한 자락도 닮지 못한 것 같다는 모세 형제님은, 하나님께도 좋은 아들이 되고 싶었기 때문에 가졌던 소망 하나를 최근에 이뤘다고 합니다.

하나님께 직접 작사 작곡한 찬양을 올려 드리고 싶었는데, 작사와 작곡을 배워 본 적이 없기에 이루기 쉽지 않은 소망이었다고 합니다. 그런데 마침 교회에 생긴 시창 발성반에 등록하였고, 2년 가까운 시간을 열심히 배워서 마침내 찬양 한 곡을 완성하게 되셨답니다. 음정과 박자가 맞지 않아서 한 소절을 제대로 부르는 것도 힘겨워서 포기하고 싶은 때도 많았지만, 끝까지 인내한 결과로 마침내 곡을 완성하였습니다.

직접 작사, 작곡한 찬양으로 예배를 드린 날, 찬양 가사처럼 십자가에서 두 팔 벌려 세상을 품고 하늘과 땅을 이으신 예수님의 사랑 안에서 평생을 살도록 베풀어 주신 하나님의 사랑에 목이 메었다고 하셨는데, 모세 형제님의 그 모습을 바라보시는 하나님 아버지는 기쁘고 흐뭇해서, 그 찬양의 향기를 흠향하시고 천국에 잔치를 베푸셨을 것 같습니다.

모세 형제님의 간증을 들으면서 계속 생각나는 찬양이 있었습니다.

아버지
— 유선숙 작사 | 염평안 작곡 | 염평안, 정마태 편곡

날 사랑하시는 긍휼히 보시는 아버지 내 아버지
세상 그 무엇과도 날 바꾸지 않는 아버지 내 아버지

of hard-working praising and learning more about praise songs, he was able to complete one praise song dedicated to God. Initially, Moses struggled with keeping his pitch and tempo for even one verse of the praise and often wanted to give up. But he continued to endure and pursue his dreams until he was able to complete his first song. Moses said that words cannot describe the emotions he felt when he was able to finally give worship with the praise that he composed himself—reflecting on his lyrics and rejoicing at God's love of embracing the entire world on the cross. I truly believe that God the father happily accepted Moses's praise and started a feast in heaven as he enjoyed the fragrance of his joyous worship.

While I was listening to the testimony of brother Moses, I kept on remembering the lyrics of a praise song:

My father, my father who loves me and watches me with merciful eyes.

My father, who will not trade me with anything in this world. Although my life will pass and flow like a river,

You will never anger and wait patiently.

You, who take your likeness in my heart with joy, who hurt at the injustice in my soul, my father, your fatherly heart.

My loving father.

I would like to sing this praise with brother Moses and all of the readers today.

삶은 지나고 또 지나가고 강물같이 흐르고 또 흘러도

참아주시고 화내지 않고 믿어주시고 기다리시는

내 안에 당신 닮은 마음 기뻐하시며

불의한 나의 마음 아파하시는

아버지 아버지 나의 아버지 아버지의 그 마음

날 사랑하는 내 아버지

모세 형제님, 그리고 애청자 여러분과 함께 불러 보고 싶습니다. 아버지!

3) Creating a system through repetition of trust

Today I want to start out by reading the story of General Naaman in 2 Kings with you.

After we read 2 Kings chapter 5, I would like to share stories of people who are experiencing God's miracles through small obeyance in their lives.

⟨Naaman Healed of Leprosy⟩

5:1 Now Naaman was commander of the army of the king of Aram. He was a great man in the sight of his master and highly regarded, because through him the Lord had given victory to Aram. He was a valiant soldier, but he had leprosy.
2 Now bands of raiders from Aram had gone out and had taken captive a young girl from Israel, and she served Naaman's wife.
3 She said to her mistress, "If only my master would see the prophet who is in Samaria! He would cure him of his leprosy."
4 Naaman went to his master and told him what the girl from Israel had said.
5 "By all means, go," the king of Aram replied. "I will send a letter to the king of Israel." So Naaman left, taking with him ten talents of silver, six thousand shekels of gold and ten sets of clothing.
6 The letter that he took to the king of Israel read: "With this letter I am sending my servant Naaman to you so that you may cure him of his leprosy."
7 As soon as the king of Israel read the letter, he tore his

믿음으로 반복하며 만든 시스템 | 김형환

"아람 왕의 군대 사령관인 나아만은 왕이 사랑하고 아끼던 사람이었습니다. 왜냐하면 여호와께서 그를 통해 아람이 승리하게 하셨기 때문입니다. 그는 강하고 용감한 사람이었지만 문둥병에 걸려 있었습니다. 아람 사람들이 전에 이스라엘에 쳐들어가서 어린 소녀 한 명을 잡아온 일이 있었습니다. 그 소녀는 나아만 아내의 시중을 들었습니다. 그 소녀가 여주인에게 말했습니다.

"주인님이 사마리아에 사는 예언자를 만나 보시면 좋겠습니다. 그 예언자는 주인님의 병을 고칠 수 있을 것입니다."

나아만이 왕에게 가서 이스라엘에서 잡아온 소녀가 한 말을 일러 주었습니다. 아람 왕이 말했습니다. "그렇다면 가 보시오. 내가 이스라엘 왕에게 편지를 써 보내겠소." 나아만은 은 십 달란트가량과 금 육천 세겔과 옷 열 벌을 가지고 길을 떠났습니다.

나아만은 이스라엘 왕에게 편지를 전해 주었습니다. 그 편지에는 "내 종 나아만을 왕에게 보내니 그의 문둥병을 고쳐 주시오"라고 적혀 있었습니다. 그 편지를 읽은 이스라엘 왕은 기가 막혀 자기 옷을 찢었습니다. 왕이 말했습니다. "나는 하나님이 아니다. 내가 어떻게 사람을 죽이기도 하고 살리기도 하겠느냐? 어찌하여 이렇게 사람을 보내어 나더러 문둥병을 고치라고 하느냐? 아람 왕이 싸울 구실을 찾으려고 이런 일을 꾸민 것이 틀림없다."

하나님의 사람인 엘리사는 이스라엘 왕이 자기 옷을 찢었다는 소식을 들었습니다. 그래서 왕에게 심부름꾼을 보내어 말했습니다. "어찌하여 옷을 찢으셨습니까? 그 사람을 나에게 보내십시오. 이

robes and said, "Am I God? Can I kill and bring back to life? Why does this fellow send someone to me to be cured of his leprosy? See how he is trying to pick a quarrel with me!"

8 When Elisha the man of God heard that the king of Israel had torn his robes, he sent him this message: "Why have you torn your robes? Have the man come to me and he will know that there is a prophet in Israel."

9 So Naaman went with his horses and chariots and stopped at the door of Elisha's house.

10 Elisha sent a messenger to say to him, "Go, wash yourself seven times in the Jordan, and your flesh will be restored, and you will be cleansed."

11 But Naaman went away angry and said, "I thought that he would surely come out to me and stand and call on the name of the Lord his God, wave his hand over the spot and cure me of my leprosy.

12 Are not Abana and Pharpar, the rivers of Damascus, better than all the waters of Israel? Couldn't I wash in them and be cleansed?" So, he turned and went off in a rage.

13 Naaman's servants went to him and said, "My father, if the prophet had told you to do some great thing, would you not have done it? How much more, then, when he tells you, 'Wash and be cleansed'!"

14 So he went down and dipped himself in the Jordan seven times, as the man of God had told him, and his flesh was restored and became clean like that of a young boy.

God was able to show his miracles of healing through simple actions carried out by Elisha. Just as Naaman's servants said, just

스라엘에 예언자가 있음을 그에게 알려 주겠습니다." 그래서 나아만은 말과 전차를 몰아 엘리사의 집으로 가서 문 밖에 섰습니다. 엘리사가 나아만에게 심부름하는 사람을 보내어 말했습니다.
"요단 강으로 가서 일곱 번 씻으시오. 그러면 당신의 피부가 고침을 받아 깨끗해질 것이오."
나아만이 화가 나서 그곳을 떠나며 말했습니다.
"나는 적어도 엘리사가 밖으로 나와 내 앞에 서서 그의 주 하나님의 이름을 부르며, 병든 자리에 손을 얹고 문둥병을 고칠 줄 알았다. 다마스커스에 있는 아마나 강이나 바르발 강이 이스라엘에 있는 어떤 강보다 좋지 않느냐? 몸을 씻어서 병이 낫는다면 그런 강에서 씻는 것이 낫겠다."
나아만은 크게 화를 내며 발길을 돌렸습니다. 그러자 나아만의 종들이 가까이 와서 말했습니다. "주인님, 만약 저 예언자가 그보다 더 큰 일을 하라고 했더라도 그대로 하지 않았겠습니까? 그런데 기껏해야 몸을 씻으라는 것뿐인데 그 정도도 하지 못하시겠습니까?" 그리하여 나아만은 내려가서 엘리사가 말한 대로 요단 강에 몸을 일곱 번 담갔습니다. 그러자 나아만의 살결이 마치 어린아이의 살결처럼 깨끗해졌습니다. 그렇게 해서 나아만의 병이 나았습니다."(왕하 5:1-14, 쉬운성경)

하나님께서 엘리사를 통하여 치료의 기적을 베풀게 한 방법은 지극히 단순하고 쉬운 일이었습니다. 나아만의 종들이 말한 것처럼 기껏해야 몸을 요단 강물로 씻으라는 것뿐이니 누구나 할 수 있는 일입니다. 그런데 저는 '왜 한 번이 아니고 일곱 번 씻으라고 하셨

"washing and being cleaned" with the water of Jordan river is a simple task that anyone can do. But then I began to wonder: "Why did God ask Naaman to wash himself 7 times?" When I was trying to interpret this using not the studies of bible scholars but by applying the message to our daily lives, I remembered the acts of Professor Hyung Hwan Kim.

The actions of Professor Kim that I am about to share with you may not seem like an amazing achievement, but I strongly felt that the way God used Professor Kim's repeated dedication as a passage of blessing was very similar to the story of Naaman.

Professor Hyung Hwan Kim, who is well known as a national mentor for sole proprietorship companies, has taught many business classes with core message of "we are saving the world and its people right now".

Professor Kim has not only led classes about business, but also leadership seminars for parents and kids, passion camp for youths and young adults, and zoom meetings | podcasts about biblical leadership. Through these efforts, Professor Kim has fervently progressed his mission of restoring the next generation and broken families through the words of God.

Professor Kim's efforts were not repressed by the impact of COVID, on the contrary, he was able to launch a large open chat group with over 1000 members. He continued to spread the message of God through many positive influences from over 10 years of creating dedicated communities and groups for people with various needs.

을까?' 하는 생각을 해보았습니다. 성경학자들의 해석 말고 우리의 일상에 적용하여 생각해 보다가 김형환 교수님이 생각났습니다. 하나로 떼어서 생각해 볼 때는 대단한 일이 아니지만, 그 일을 지속적이고 반복적으로 계속할 때에 하나님의 기적의 통로로 사용되고 있는 것이 나아만 장군의 이야기와 일맥상통한다는 생각이 들어서입니다.

1인 기업 국민 멘토로 불리는 김형환 교수님은 "지금 우리는 세상과 사람을 구합니다"라는 슬로건을 걸고 다양한 경영 클래스를 지도하고 계시는데요, 경영을 가르치는 것뿐만 아니라 부모·자녀 리더십 세미나, 청년들을 위한 열정 캠프, 청소년들을 위한 열정 캠프, 그리고 성서 리더십 줌 모임, 팟캐스트 등으로 하나님의 말씀을 통하여 다음 세대를 회복시키고 가정을 회복시키는 사역을 활발하게 진행하고 계십니다.

코로나 시기를 지나면서 위축되는 것이 아니라, 오히려 1,000명이 넘는 사람들이 모여 있는 대형 오픈 채팅방과 함께 다양한 규모의 오픈 채팅방을 운영하고 계십니다. 10여 년의 세월 동안 사람들의 필요에 따른 맞춤 커뮤니티를 만들고 가르치고 선한 영향력을 끼침으로 하나님을 전하고 계십니다.

목사나 전도사라는 타이틀을 가지지 않고도 하나님의 말씀을 전하고 사람들의 영적 성장과 육적 필요를 채우는 일을 진심으로 돕는 김형환 교수님의 사역 하나하나를 따로 떼어서 보면 대단한 일이 아니라고 할 수도 있습니다. 하지만 일곱 번씩 70번도 넘게 반복되면서 그 안에서 사람을 살리고 세상을 구하는 기적이 일어나는 시스

Professor Kim continues to sincerely work on his mission of helping the physical and spiritual growth of others and spreading the word of God-even when he is not officially a pastor or a missionary. But some may say that if you look at the many works of Professor Kim individually, it may not be that great of an achievement. However, there are many people, including myself, who witnessed the Professor repeating his good work being repeated more than seven times-and even more than 70 times- and becoming a system of miracle that saves the lives of others and restores the world. While God allowed failures, hardships, and discouragement in Professor Kim's life, he also had a plan to raise Professor Kim as a man that saves others through his self-reflection of his failures and success.

Just as it was stated in the book of Galatians:

> Let us not become weary in doing good, for at the proper time we will reap a harvest if we do not give up.

I see many messages of thanks in the open chat group from the parents who sent their children to Professor Kim's passion camp, and I also see daily messages of appreciation from the members of the biblical leadership open chat group about their newfound grace in understanding the message of God. Just as a small spark can start a roaring flame, I sincerely pray that many Christians will follow the actions of Professor Kim and strive to act with goodness-no matter how small it may be-in their daily lives. I surely hope I can live like this as well.

템이 된 것을 보았습니다.

　김형환 교수님의 삶 가운데 실패와 고난과 좌절을 허락하신 하나님께서, 그 고독한 시간을 지나며 자신을 성찰하고 실패와 성취의 경험을 통해 다른 사람들을 돕는 사람으로 세우셨으니 그 하나님의 섭리를 보며 갈라디아서 말씀을 마음에 새겨 봅니다.

　　"우리가 선을 행하되 낙심하지 말지니 포기하지 아니하면 때가 이
　　르매 거두리라"(갈 6:9).

　자녀들을 열정 캠프에 보낸 부모님들에게서 감사의 글들이 '김형환의 옳은 부모 오픈 채팅방'에 수도 없이 올라오고, 주일마다 성서 리더십 오픈 채팅방에는 깨달음과 은혜 받은 감사의 글들이 올라옵니다. 작은 불꽃 하나가 큰불을 일으키듯이, 김형환 교수님처럼 하나님의 영광을 위하여 날마다 일상에서 작은 선을 행하기 위해 애쓰는 크리스천들이 많아졌으면 좋겠습니다. 저 또한 그렇게 살고 싶습니다.

4) Giving 7.9 billion thanks

Those who sacrifice thank offerings honor me, and to the blameless I will show my salvation

A few days ago, I suddenly wondered about how many stars there are in the universe, so I decided to look it up.

According to an announcement by the astronomers at the Australian National University, the total number of starts in the universe is 7 x 10·22. This is 10 times greater than the combined number of the grains of sand on every beach and desert in the world.

In Genesis chapter 15, there is a section in which God tells Abaraham to look to the skies and attempt to count the stars, as his descendants will be as numerous as the stars in the sky.

This made me curious about the current population of the world, and found that there are 7.9 billion people living in our planet right now. Then, I wondered if Abraham is still counting the number of his descendants in heaven, giving 7.9 billion offerings of thanksgiving to God for each of his children.

If someone gives you word of thanks and gratitude, most of us will feel happy and pleased about it. It is also true that gratitude not only makes the other person feel good, but also gives great

4) 79억 개의 감사 | 전생명

"감사로 제사를 드리는 자가 나를 영화롭게 하나니 그의 행위를 옳게 하는 자에게 내가 하나님의 구원을 보이리라"(시 50:23).

며칠 전에 문득 우주에는 별이 몇 개나 있을까 하는 궁금증이 들어서 찾아보았습니다. 호주 국립대학의 천문학자들은 우주에 있는 별의 총수는 '7 곱하기 10의 22승' 개라고 발표했는데요, 이 수는 세계의 모든 해변과 사막에 있는 모래 알갱이의 수보다 10배나 많은 수라고 합니다.

창세기 15장에는 하나님께서 아브라함에게 "하늘을 쳐다보아라 내가 셀 수 있거든 저 별들을 세어 보아라. 너의 자손이 저 별처럼 많아질 것이다" 하고 말씀하시는 장면이 나옵니다. 그래서 지금 지구에 살고 있는 인구는 몇 명이나 될까 하고 또다시 찾아보니 거의 79억 명 가까운 인구가 살고 있었습니다. 어쩌면 아브라함은 지금 천국에서 자손들의 숫자를 헤아리면서 79억 개의 감사 제사를 드리고 있지 않을까 하는 생각도 해 보았습니다.

감사. 누군가에게 감사하다는 인사의 말을 들으면 대부분 당연히 기분이 좋아지겠지요. 감사는 상대방을 기분 좋게 할 뿐만 아니라 감사의 말을 하는 본인에게도 큰 유익을 준다고 합니다. 그래서 오늘은 365일 매일 감사하는 글을 블로그에 올리면서 전보다도 더 풍성한 삶을 누리며 사는 전생명 선교사님을 소개해 드리고 싶습니다.

전생명 선교사님은 무슬림 지역에서 선교 사역을 하다가 추방을

benefits to the person who gave the words of thanks. So today, I would like to introduce you to the missionary Saengmyoung Jeon, who is living a richer life than before by posting a message of thanksgiving on his blog every day.

Missionary Jeon was expelled from the Muslim-majority area while serving as a missionary and is now serving at the headquarters of Smart Vision School. He works to pioneer a creative paradigm of missionary work with mission strategies that are suitable for the digital age. He selected online blog as one method for his digital mission and has been updating it every day.

Missionary Jeon's blog, titled "365 days-Daily Thanksgiving Blog" has many posts that are filled with positive influence and I wanted to share this with you, our dedicated readers. Today, I would like the share an excerpt from the 1-year anniversary post of the 365 days - Daily Thanksgiving Blog.

> June 25th 2020 is the day that I started my "diary of thanksgiving" that changed my life. The day before, on June 24th 2020, I heard Dr. Seongju Hwang's testimony about his mother on the Digital Mission Platform Forums. The next morning, I had a short conversation with Dr. Hwang during my morning walk and felt a strong determination to write a daily diary of thanksgiving. Now, exactly 1 year passed after my decision. I want to talk about the story of the miraculous change in my life after that day. I started out with giving 3 thanks every day, which turned to 5, 7, 10, 12,

당하고, 현재는 스마트 비전 스쿨의 본부 사역을 하고 계십니다. 디지털 시대에 맞는 선교 전략으로 선교의 새로운 패러다임을 창조적으로 개척하는 일입니다. 선교사님은 디지털 선교의 한 방법으로 블로그를 선택하여 매일 포스팅하고 있었습니다.

전생명 선교사님의 365일 매일 감사 블로그가 많은 사람들에게 선한 영향력을 주는 좋은 내용이어서 애청자 여러분들께도 소개해 드리고 싶습니다. 오늘은 전생명 선교사님의 감사 일기 1주년 기념 블로그의 내용 일부를 읽어 드리도록 하겠습니다.

2020년 6월 25일은 나의 인생을 바꿔준 감사 일기를 시작한 날이다. 6월 24일 디지털 미션 플랫폼 포럼상에서 황성주 박사님의 어머니에 대한 간증을 들었다. 다음 날 아침 황성주 박사님과 함께 산책을 하며 대화를 나눈 후에 나는 매일 감사의 일기를 쓰기로 작정했다.

정확하게 1년이 흘렀다. 그동안 나의 삶에 일어난 기적 같은 이야기를 나누고 싶다. 하루에 3개씩 감사를 하다가 5개, 7개, 10개, 12개, 50개, 100개의 감사를 하는 시간들을 보냈다. 하루에 100개의 감사를 하면 사고 구조가 감사로 완전히 바뀐다. 모든 것이 감사요 모든 것이 감격이다. 그렇게 1년 동안 꾸준히 감사 일기를 쓰고 감사 블로그를 쓰기 시작했다. 1년 전에 다짐했던 인생 후반전을 감사하는 사람으로 살 수 있도록 붙들어 주신 주님께 감사한다. 8월 31일부터 행복의 비밀 열쇠 감사 100일로 감사 일기를 시작하였다. 100일 동안 하루도 빠지지 않고 감사 블로그를 쓰게 해주셔서 감사하다. 그 후 또 다시 12월 10일에 매일 감사 100일이라

50-until I started to give 100 thanks a day.

When you give 100 thanks a day, your thought structure also bases itself on thanks. Everything is Thanks, and you give gratitude for all things. After writing the daily thanksgiving diary for 1 year, I began to write my Daily Thanksgiving blog. I give all of my thanks to God, who helped me to hold on to my decisions firmly and allowed me to give thanks for the latter half of my life I am living in right now.

After that, on December 10th, I started a project titled "100 days of Daily Thanks" and wrote my thanksgiving diary and blog every day-for 100 days. Then, my 100 days of thanksgiving turned to 200 days of daily thanksgiving.

I felt my life change to a life of gratitude. This is why, on May 18th, I changed the title of my project to "365 days-Daily Thanksgiving" and continued my journey of giving thanks. If I summarize the changes of my life through my daily thanksgiving and blog, it is as follows: My personal life experienced positive change. I was filled with gratitude, positivity, and energy. My personal abilities improved. My reading abilities improved. I read 188 books in 1 year. My family was overflowing with thanks. My relationship with my wife and children was restored. My physical abilities improved. My 3 sisters and my mother-in-law joined in my thanksgiving, and we improved our relationships. My ability to overcome difficulties with other missionaries improved. There has been a breakthrough in Smart Missionary project our capabilities improved-allowing us

는 타이틀로 100일 동안 하루도 빠지지 않고 감사 일기를 썼다. 또 200일 동안 매일 감사 일기와 감사 블로그를 썼다. 나의 삶이 감사의 삶으로 완전히 바뀌었다. 그래서 5월 18일부터는 타이틀을 '365일 매일 감사'로 바꿔 감사 일기를 쓰고 있다.

1년간의 감사 일기와 감사 블로그를 쓰면서 변화된 나의 삶을 정리해 보면 다음과 같다. 개인적인 삶에 변화가 생겼다. 감사가 넘치고 긍정적이며 적극적으로 바뀌었다. 나의 개인적인 능력이 향상되었다. 독서 능력이 향상되었다. 1년 동안 188권을 독서했다. 감사가 흐르는 가정이 되었다. 아내와의 관계, 자녀들과의 관계가 회복되었다. 내 몸의 신체들과의 관계가 향상되었다. 세 누나와 장인, 장모님과 감사를 나누는, 더욱 친밀한 관계가 되었다. 사역자들과 어려움을 극복할 수 있는 능력이 향상되었다. 스마트 선교 사역에 돌파가 일어나고 있으며 사역 역량이 강화되었고 사람들에게 감사를 나누는 감사 전도사가 되었다. 선교회의 사역들도 그 전보다 더욱 확장되어 가고 있다. 무엇보다 반드시 성취되는 끈질긴 지구력이 놀랍게 향상되었다. 영적, 정신적 건강뿐 아니라 1만 보 걷기 100일에 도전하여 몸도 놀랍게 건강해졌다. 걸어서 출퇴근하는 사람이 되었다. 타인에게 후원하는 삶이 더욱 넓어졌고 후원액도 10배 정도는 는 듯하다.

지난 1년을 돌아보며 감사할 것밖에 없음을 고백한다. 황성주 박사님을 통해서 감사의 삶을 배우게 해주셔서 감사하다. 하나님께서 나의 인생 후반전을 새롭게 만들어 주시고 다른 사람들을 감사로 섬기는 삶을 살 수 있도록 인도해 주셔서 감사하다. 평생 감사하며 하나님께서 주신 기쁨과 평안의 복음을 모든 민족에게 증거

to share more thanks with others as a missionary of thanksgiving. The missions of my fellow missionaries were being improved. My endurance towards things I want to achieve improved. My spiritual and mental health improved alongside my physical health-as I participated in daily 10,000 steps walking challenge for 100 days. I began to commute to my work by walking. I began to donate more to others, and the amount increased ten folds.

As I look back to the past 1 year, I confess that there are only things I can be thankful for in my life. I am so thankful that I was able to learn the life of thanksgiving through Dr. Hwang. I especially give my thanks to God for renewing the latter half of my life and allowing me to serve everyone else through a heart of gratitude.

I am so thankful that God allowed me to live a life of testimony for his gospel of joy and peace through my daily thanksgiving.

When Missionary Jeon's 365 days of daily thanksgiving continues, it will surely become more numerous than 7.9 billion thanksgivings. I imagine, look forward to, and praise God, who has received those rites of thanksgiving, expanding the kingdom of God on this land through the union of grateful people.

Those who sacrifice thank offerings honor me, and to the blameless I will show my salvation!

하는 삶을 살 수 있도록 인도해 주셔서 감사하다.

전생명 선교사님의 365일 감사는 해를 거듭하다 보면 79억 개의 감사가 될 것입니다. 그 감사의 제사를 받으신 하나님께서 감사하는 사람들의 연합을 통해 이 땅에 하나님 나라를 확장해 가는 것을 상상하고 기대하며 감사 찬양을 드립니다.

"감사로 제사를 드리는 자가 나를 영화롭게 하나니 그의 행위를 옳게 하는 자에게 내가 하나님의 구원을 보이리라!"

에필로그

향기가 되어(The Essence of Christ)

　같은 향의 향수라도 사람에게 뿌리면 사람마다 조금씩 다른 향기가 난다고 합니다. 사람마다 가진 독특한 체취와 어우러져서 향수의 냄새가 조금씩 차이가 나는 것입니다. 향수에 대한 정보를 보다가 예수 그리스도의 향기가 나의 향기와 섞인다는 것에 대해서 생각하게 되었습니다. 말로는 형용할 수 없는 향기, 예수님의 향기는 생각만 해도 깊이 들이마시며 음미하고 싶어지는 향기입니다. 그렇다면 나의 향기는 어떤 향기일까 생각해 봅니다.

　"내 안의 정욕과 탐심과 허영들을 다 버리고 비우게 해주십시오. 존귀한 주님의 보혈로 깨끗이 씻겨서 나의 향기가 사라지게 해주십시오. 주님의 정결한 마음이 내 안에 채워지고 그 향기로만 물들여지기를 원합니다."

　나는 죽고 예수 그리스도로만 살기를 바라는 기도가 저절로 나왔습니다.

　향기는 보이지 않지만 머물러 있습니다. 향수를 몸에 뿌릴 때는 바로 그 향기를 맡을 수 있지만, 시간이 흐르면 자신의 몸에서 나는 향수 냄새를 맡지 못하게 됩니다. 그러나 스쳐 지나가는 다른 사람들은 나에게서 나는 향수 냄새를 바로 맡을 수 있습니다.

　예수님의 풍성한 은혜 속에 젖어 있는 시간을 보낸 사람들에게는 그리스도의 향기가 납니다. 정작 자신은 주어진 일상의 분주함 속에서 예수님을 잠시 잊고 있는 듯해서 그리스도의 향기가 나지 않을까 염려할 수도 있습니다. 그러나 그리스도의 은혜의 향기는 쉽게 사라지지 않습니다. 주님이 주시는 풍성한 은혜와 평강을 누리는 사람은 해처럼 빛나고 평안한 얼굴을 하고 있습니다. 마치 모세가 시내 산에서 내려 온 후에도 그 얼굴이 눈부시게 빛나서 수건으로 가려야 했던 것과 같습니다.

   은혜로 빛나는 얼굴과 평온한 미소를 보며 사람들은 예수님의 향기를 느낍니다. 이 책에 소개된 분들은 바로 그러한 그리스도의 향기가 나는 분들입니다. 그럼에도 자신에게서 그리스도의 향기가 느껴지지 않을까 봐 겸손한 모습으로 경건하게 살려고 애쓰는 분들입니다.

   이 책을 통해서 오직 그리스도 예수만 자랑하는 향기로운 사람들을 소개하는 기쁨을 누리며, 하나님께 감사를 올립니다.

2023년 12월 다시 오실 주님을 기다리며
하나님의 악기, 아리엘

향기가 되어
The Essence of Christ

1판 1쇄 인쇄 _ 2024년 3월 11일
1판 1쇄 발행 _ 2024년 3월 16일

지은이 _ 홍아리엘
펴낸이 _ 이형규
펴낸곳 _ 쿰란출판사

주소 _ 서울특별시 종로구 이화장길 6
편집부 _ 745-1007, 745-1301~2, 743-1300
영업부 _ 747-1004, FAX 745-8490
본사평생전화번호 _ 0502-756-1004
홈페이지 _ http://www.qumran.co.kr
E-mail _ qrbooks@daum.net | qrbooks@gmail.com
한글인터넷주소 _ 쿰란, 쿰란출판사
페이스북 _ www.facebook.com/qumranpeople
인스타그램 _ www.instagram.com/qrbooks
등록 _ 제1-670호(1988.2.27)
책임교열 _ 최찬미·이화정

ⓒ 홍아리엘 2024 ISBN 979-11-6143-926-6 03230

책값은 뒤표지에 있습니다.
이 출판물은 저작권법에 의해 보호를 받는 저작물이므로 무단 복제할 수 없습니다.
파본(破本)은 구입처에서 교환해 드립니다.